Wolfgang Endres u.a.

So macht Lernen Spaß

Praktische Lerntipps für Schülerinnen und Schüler

Sek. I

21. Auflage

Beltz Verlag · Weinheim und Basel

Die Autoren:

Josef Ballerstaller, Wolfgang Endres, Hans Engberding, Hans-Peter Hofgärtner,
Monika Forster, Frank Liebtanz und Helmut Strahlendorf

Das Werk und seine Teile sind urheberrechtlich geschützt.
Jede Nutzung in anderen als den gesetzlich zugelassenen Fällen bedarf der
vorherigen schriftlichen Einwilligung des Verlages.
Hinweis zu § 52a UrhG: Weder das Werk noch seine Teile dürfen ohne eine
solche Einwilligung eingescannt und in ein Netzwerk
eingestellt werden. Dies gilt auch für Intranets von Schulen und
sonstigen Bildungseinrichtungen.

21., überarbeitete Auflage 2008

Lektorat: Ingeborg Sachsenmaier

© 1993 Beltz Verlag · Weinheim und Basel
www.beltz.de
Druck: Beltz Druckpartner GmbH & Co. KG, Hemsbach
Umschlaggestaltung: glas ag, Seeheim-Jugenheim
Umschlagillustration: Bernhard Zerwann, Bad Dürkheim
Printed in Germany

ISBN 978-3-407-38065-4

Inhaltsverzeichnis

Auf ein Wort – an Eltern und Lehrer 7

Vor Gebrauch schütteln –
ein Vorwort für Schülerinnen und Schüler 9

1. Etappe: Probleme beim Lernen 13

2. Etappe: Der Lerneinstieg 17

3. Etappe: Aufteilung der Hausaufgaben in Portionen 21

4. Etappe: Reihenfolge der Hausaufgaben 23

5. Etappe: Die Ähnlichkeitshemmung 27

6. Etappe: Der feste Arbeitsplatz 31

7. Etappe: Das Drumherum am Arbeitsplatz 35

8. Etappe: Optimale Arbeitszeit 39

9. Etappe: Abschalten und Umschalten 43

10. Etappe: Warum Pausen nötig sind 47

11. Etappe: Die verschiedenen Lerntypen 51

12. Etappe: Lerntyp Lesen 54

13. Etappe: Lerntyp Hören 55

14. Etappe: Lerntyp Sehen 56

15. Etappe: Testauswertung 59

Testanweisung zur Ermittlung des eigenen Lerntyps 62

16. Etappe: Die 5-Gang-Lesetechnik 65

17. Etappe: Lesetext mit Kontrollfragen 69

18. Etappe: Das Lernplakat 73

19. Etappe: Wie man Vokabeln lernt – und sie vergisst 75
20. Etappe: Eine Lernkartei als »Vokabelmaschine« 81
21. Etappe: Wie man die Vokabelmaschine bedient 85
22. Etappe: Klassenarbeiten sinnvoll vorbereiten 89
23. Etappe: Tempomotivation – Training auf Zeit 93
24. Etappe: Ein Wochenplan für mittelfristige Lernplanung 95
25. Etappe: Prüfungsangst und Denkblockaden 97
26. Etappe: Vor und während der Klassenarbeit................ 101
27. Etappe: Stressfaktor Spickzettel 103
28. Etappe: Die Fehlerstrichliste............................ 105
    Fehlerstrichlisten Mathematik 108
    Fehlerstrichliste Englisch 111
    Fehlerstrichliste Französisch....................... 112
    Fehlerstrichliste Latein 113
29. Etappe: Konzentration und Aufmerksamkeit............... 115
30. Etappe: Trainingsfeld Konzentration 119
31. Etappe: Problemfeld Klassengemeinschaft 123
32. Etappe: Lehrerknigge – der Umgang mit Lehrern........... 125
33. Etappe: Motivation – was ist das?....................... 131
34. Etappe: Freizeit als Problem........................... 133
35. Etappe: Soziales Lernen in der Gemeinschaft 135
36. Etappe: Kleines Sportstudio 137
37. Etappe: Musik und Unterhaltung 139
38. Etappe: Positive und negative Motivation................ 141
39. Etappe: Grundbedürfnisse und Lernen................... 145
40. Etappe: Stress abbauen und vermeiden 147
41. Etappe: Lernen am Erfolg............................. 151

42. Etappe: Zwei einprägsame Merkwortreihen 155

43. Etappe: Wann Nachhilfe sinnvoll ist 157

44. Etappe: Arbeiten in der Gruppe 161

45. Etappe: Lärm stört die Konzentration 165

46. Etappe: Kreatives Schaffen 169

47. Etappe: Erlebnisfeld Natur 171

48. Etappe: Sammeln – kein Selbstzweck 175

49. Etappe: Das Freizeitrad 177

50. Etappe: Heftführung und Notizen 181

51. Etappe: Aktive Mitarbeit und freies Sprechen 183

52. Etappe: Ausdauer- und Willensschulung 185

Sachregister 189

Methodiktreppe 191

Auf ein Wort – an Eltern und Lehrer

Warum dieses Buch nötig ist

»Schüler lernen und lernen, ohne das Lernen zu lernen.« In dieser zunächst verwirrenden Formel lassen sich die meisten Lernprobleme der sogenannten faulen und vermeintlich interesselosen Schülerinnen und Schüler zusammenfassen.

Man sagt den Schülern zwar, was sie lernen sollen – doch wie sie dies am besten erledigen, überlässt man ihnen selbst. Anleitungen zu ökonomischem und systematischem Lernen bleiben weitgehend aus.

So entstehen allmählich Faulheit, Desinteresse und Gleichgültigkeit. Die Schüler lehnen sich schließlich bewusst oder unbewusst gegen Eltern und Lehrer auf und sabotieren die Schule. Sie haben keine Lust zum Lernen. Motivationsprobleme gehören zu den Hauptschwierigkeiten in der Schulpraxis.

Was dieses Buch will

Deshalb bietet dieses Buch praktische Anwendungsmöglichkeiten für den leistungsverbessernden Einstellungswechsel.

Hierbei beweist das Autorenteam, die Arbeitsgemeinschaft Lernmethodik vom Studienhaus St. Blasien, Mut zur Praxis: Wissenschaftliche Theorien, Hintergrundfakten und Einzeldaten werden bewusst nicht in ihrer theoretischen Komplexität, sondern zugunsten der Zielgruppe Schülerinnen und Schüler in praxisnaher Form dargestellt. Der funktionale Aspekt der Lernpsychologie steht bei dieser Form angewandter Lernmethodik im Vordergrund.

Wie dieses Buch entstand

Die vielfältigen Erfahrungen aus zahlreichen Methodikseminaren »Lernen, wie man lernt« mit über 8.000 Schülerinnen und Schülern aus allen Bundesländern wurden für dieses Buch ausgewertet. Die umfangreiche Arbeit der Arbeitsgemeinschaft Lernmethodik, einem engagierten Lehrerteam, konnte der verantwortliche Verfasser in Fernsehen, Rundfunk und Presse ausführlich darstellen.

Wolfgang Endres hat nicht nur den Begriff »Lernen lernen« geprägt, sondern durch zahlreiche Publikationen und Lehrerfortbildungen auch dazu beigetragen, dass die Lernmethodik mittlerweile Eingang in unsere Schulen gefunden hat. Außerdem vermittelt das von ihm gegründete »Studienhaus am Dom« in St. Blasien sein Lernkonzept erfolgreich in Schüler-Ferienkursen (s. Seite 188).

Damit Schülerinnen und Schüler sich aber auch selbst mit diesem Lernkonzept befassen können, bietet dieses Buch eine ganze Reihe konkreter Lerntipps aus dem Methodikprogramm. Trotz aller Vielfalt ist es wichtig, eine persönliche Auswahl an Lerntechniken zu treffen. Nicht alle Lerntipps sind für jeden Lerntyp gleichermaßen geeignet.

Was dieses Buch enthält

In organisch aufeinander aufbauenden Etappen greifen die Autoren die Hauptschwierigkeiten beim schulischen Lernen auf und zeigen den Schülerinnen und Schülern Verbesserungsvorschläge und Lösungswege in den Bereichen *Hausaufgaben, Klassenarbeiten, Prüfungsangst, Konzentration, Motivation, Lehrer-Schüler-Beziehung und Freizeitverhalten*.

In Tagesetappen von höchstens zehn Minuten und über 50 praxisbezogenen Tipps führt das Buch zu systematischerem Lernen, vor allem zu mehr Spaß am Lernen.

Wie man mit diesem Buch arbeitet

Mit Hilfe kleiner Tests erreichen die Schüler Sprosse für Sprosse auf der Erfolgsleiter ihr Lernziel. Als äußeres Zeichen ihres Lernerfolges kleben sie jeweils einen Erfolgspunkt auf die Methodiktreppe (s. Seite 191).

Dieses aktivierende Lernen am Erfolg wird durch Fotos, Karikaturen und eine schülergerechte Sprache unterstützt und gefördert.

Ein Buch aus der Praxis für die Praxis

Man spürt, dass die Autoren Lehrer sind, die die Sorgen und Nöte ihrer Schüler innerhalb und außerhalb des Klassenzimmers kennen und ernst nehmen. Es gibt Lehrer, für die die Schule nicht mit dem Klingelzeichen aufhört – darum konnte dieses Buch entstehen.

Gewusst wie: das Lernen lernen

Vor Gebrauch schütteln – ein Vorwort für Schülerinnen und Schüler

»Vor Gebrauch schütteln!« heißt es in vielen Gebrauchsanweisungen – und oft bei Mitteln, die etwas Altes auf neuen Hochglanz bringen sollen.

Lern- und Leistungsbereitschaft aufpolieren

Hat man dir dieses Buch in einer ähnlichen Absicht geschenkt? Sollen deine Lernbereitschaft erneuert und deine Leistungsfähigkeit auf Hochglanz gebracht werden? »Vor Gebrauch schütteln!« Du schüttelst den Kopf?

Bevor du nun das Buch ganz beiseite legst, solltest du erst etwas weiterlesen, damit du dir ein vernünftiges Urteil bilden kannst.

Du hast dir dieses Buch selbst gekauft? Du willst aus eigenem Wunsch deine Arbeitstechniken verbessern? – Tja, dann erübrigt sich dieser Aufmunterungsversuch natürlich ...

»So macht Lernen Spaß!« zeigt dir bewährte Wege und Kniffe, wie man leichter und besser lernt. Es enthält aber leider weder Zaubermittel noch magische Formeln, die das Lernen ganz mühelos machen. Vielmehr ist es auf deine Mithilfe angewiesen. Die folgenden vier Hinweise sollen dich dazu befähigen, aus diesem Buch den größtmöglichen Nutzen zu ziehen.

Kein Bluff mit Zaubertricks

Hinweise für den Gebrauch

Eine Etappe pro Tag – nicht mehr

1. Dieses Buch ist in kleine *Portionen,* in Etappen, aufgeteilt. Pro Tag solltest du nur eine Etappe durcharbeiten. Hierfür benötigst du durchschnittlich zehn Minuten. Wenn du einmal an einem Tag keine Lust dazu hast, kannst du die Arbeit ohne schlechtes Gewissen auf den nächsten Tag verschieben. Das tut dem Erfolg dieses Lernprogramms keinen Abbruch. Auf keinen Fall aber solltest du mehr als eine Etappe pro Tag zurücklegen.

Erfolgspunkte einkleben

2. Am Ende jeder Etappe kannst du einen Erfolgspunkt einkleben. Die Klebepunkte findest du hinten im Buch, nach der Seite mit der *Methodiktreppe.* So kletterst du Punkt für Punkt – das heißt Stufe für Stufe – die Erfolgstreppe hoch. Dadurch besitzt du eine Art Leistungsbarometer und hast jederzeit einen genauen Überblick über deinen Erfolg.

Der richtige Tipp für den richtigen Typ – Lerntipps kritisch auswählen

3. Nicht alle Lerntipps sind für jeden Lerntyp gleichermaßen geeignet. Erst durch das kritische Auswählen und die gezielte Anwendung der Lerntipps erhältst du eine wirksame Lernhilfe, die ganz auf deinen Arbeitsstil zugeschnitten ist. Dies ist also keine Rezeptsammlung, die du blind anwenden könntest. Überprüfe vielmehr stets – am besten durch Ausprobieren –, ob der jeweilige Tipp dir beim Lernen weiterhilft. Wahrscheinlich entdeckst du dabei selbst neue Möglichkeiten, deine Lerngewohnheiten methodisch zu verbessern. Eigene Entdeckungen sind übrigens immer wirkungsvoller als vorgefertigte Rezepte.

Lerntipps gezielt anwenden

4. Wenn du dich für bestimmte Lerntechniken entschieden hast, solltest du sie konsequent einüben. Bis dir eine Lernstrategie zur Gewohnheit geworden ist, vergehen zwei bis drei Wochen Trainingszeit. Das ist zunächst ziemlich hart. Es lohnt sich aber. Versuche es einmal mit ein oder zwei Lerntips, die du direkt auf deine Lernarbeit anwendest. Es genügt, wenn du während der nächsten 14 Tage zwei Methodik-Tipps aus den ersten zehn Etappen übernimmst.

Lass dich von den einzelnen Etappen anregen, deine Lernprobleme einmal zu überdenken. Die eigenen Stärken und Schwächen besser sehen, bedeutet schon eine entscheidende Lernhilfe. Wenn du darüber hinaus Wege entdeckst, wie du deine Zeit besser einteilen und nutzen kannst, wenn du lernst, wie man in kürzerer Zeit mehr lernt, wird dieses Buch zu deinem persönlichen Bestseller.

Lernprobleme überdenken

Lerne mit dem richtigen Riecher

Wenn du willst, kannst du gleich mit der ersten Etappe beginnen. Es genügt aber auch, erst morgen damit anzufangen, denn die Gebrauchsanleitung hat schon so viel Zeit in Anspruch genommen wie eine ganze Etappe.

Probleme beim Lernen

1. Etappe

Schulprobleme im Klartext

»Die Schule geht mir auf den Keks!«, stellt Sven entmutigt fest. Claudia sieht das ähnlich: »Die bekloppten Hausaufgaben, stundenlang sitz' ich dran, aber ich hocke nur sinnlos herum, und nichts geht voran...« Sven hat die ständige Leier seiner Mutter im Ohr, mittlerweile glaubt auch er: »Meine Konzentration ist gleich Null!«

Claudia bringt es auf den Punkt: »Ich finde, die ganze Schule ist totaler Stress«, und Sven wendet ein: »Alle reden vom Stress, aber keiner sagt uns, was wir dagegen tun können.«

Vielleicht haben dir die beiden teilweise aus der Seele gesprochen. Ein ganzes Paket von Schwierigkeiten beim Lernen taucht hier auf. Aber ist dir aufgefallen, dass keines der Probleme konkret benannt wird? Vielmehr machen sich allgemeine Unzufriedenheit, Unlust und Ärger mit der Schule in Verallgemeinerungen Luft: Hausaufgabenfrust, mangelnde Konzentration, Schulstress... Wo und wie soll wirksame Hilfe einsetzen?

Kaum jemand würde seinem Arzt sagen: »Herr Doktor, ich bin krank, verschreiben Sie mir bitte das richtige Medikament!« Ohne genaue Untersuchung, ohne Diagnose kann nämlich der beste Arzt nicht weiterhelfen. Je genauer ich beschreibe, was wo wie wehtut, desto besser weiß der Arzt, woran es fehlt und was man dagegen tun kann.

Gewusst wo

Du kennst das auch aus der Technik: Es soll Leute geben, die stundenlang Geräte auseinander bauen und dann feststellen, dass der Stecker gar nicht in der Steckdose war!

Du siehst: Die Fragen »Wo tut's weh?« und »Was genau funktioniert nicht?«, müssen wir möglichst präzise beantworten, um das Übel rasch und wirkungsvoll beseitigen zu können. Bei Lernschwierigkeiten nützt es gar nichts, sich einzureden: »Ich kann mich nicht konzentrieren! Ich bin total gestresst!« Stattdessen sollte man sich die Art der Schwierigkeiten klar machen. Am besten anhand eines Fragebogens:

Bestandsaufnahme: Wie ich bisher lerne (Bitte kreuze bei jeder Frage nur ein zutreffendes Feld an.)

	Punkte			
	4	3	2	1
Ich habe Schwierigkeiten, mit den Hausaufgaben überhaupt anzufangen	immer	meistens	selten	nie
Das zeigt sich in Ablenkungen wie Spielen, Lesen, Musikhören	oft	manchmal	kaum	fast nie
Ich erreiche bei den Hausaufgaben das, was ich mir vorgenommen habe	nie	selten	häufig	meistens
Mündliche Aufgaben erledige ich am Schluss	immer	meistens	ab und zu	selten
In welcher Reihenfolge ich die Hausaufgaben erledige, überlasse ich dem Zufall	immer	meistens	selten	nie
Der Zeitdruck bei Klassenarbeiten macht mir zu schaffen	sehr	gelegentlich	kaum	überhaupt nicht
Am Tag vor der Klassenarbeit lerne ich	besonders viel	etwas mehr als sonst	gezielter	genau wie sonst
Meine Schwächen in den einzelnen Fächern kenne ich	nicht	ungefähr	ziemlich genau	ganz genau
Vor Klassenarbeiten habe ich Angst	immer	meistens	manchmal	ganz selten
Bei Klassenarbeiten habe ich Dinge vergessen, die ich vorher genau gekonnt habe	fast regelmäßig	kommt oft vor	gelegentlich	nein
Einen festen Arbeitsplatz habe ich	nie	manchmal	meistens	immer
Ich werde am Arbeitsplatz gestört	regelmäßig	sehr oft	häufig	ganz selten
Meine Notizzettel sind	wertlos	kaum lesbar	gut lesbar	brauchbar
Für bestimmte Aufgaben benutze ich eine Bibliothek, suche nach Texten oder Zeitungsartikeln zum verlangten Thema	nie	ganz selten	manchmal	häufig
Beim Deutschaufsatz verfehle ich das Thema	fast immer	sehr oft	manchmal	nie
Die Gliederung für einen Aufsatz mache ich am liebsten hinterher	ja	sehr oft	manchmal	nie
Beim Lesen eines längeren Textes erkenne ich das Wesentliche auf Anhieb	fast nie	sehr selten	manchmal	häufig
Ich versuche, mich beim Lesen neuer Stoffe an ähnliche, mir bekannte Gebiete zu erinnern	nie	selten	häufig	fast immer
Ich behalte Vokabeln für den nächsten Tag ganz gut, habe viele nach einigen Tagen aber schon vergessen	ja	oft	kommt vor	nein
Ich mache beim Lernen gezielte, vorher eingeplante Pausen	nein	gelegentlich	oft	fast immer

	Punkte			
	4	3	2	1
Es fällt mir schwer, nach der Pause wieder anzufangen	ja	meistens	manchmal	nein
Ich lerne mit Musikuntermalung	immer	meistens	manchmal	nie
Ich werde bei den Hausaufgaben von den Eltern »überwacht«	ja	meistens	manchmal	nie
Ich bin (ich wäre) dankbar für die Hausaufgabenüberwachung durch die Eltern	unbedingt	auf keinen Fall	ja	gelegentlich
Ich arbeite für bestimmte Fächer mit Kameraden zusammen	nie	selten	häufig	regelmäßig
Wieviel Spaß mir ein Unterrichtsfach macht, hängt vom jeweiligen Lehrer ab	nur	sehr stark	überhaupt nicht	etwas
Es gibt Fächer, für die ich gern arbeite	kein einziges	eins	zwei	mehrere
Ich bin faul und darüber ärgere ich mich selbst	nein	ich bin nicht faul	so ist es	manchmal
Wenn ich etwas genau verstanden habe, arbeite ich meistens ganz gern	trotzdem nicht	manchmal	immer	so ist es
Wenn ich etwas nicht verstanden habe, frage ich den Lehrer	nie	manchmal	oft	immer
Es gibt Lehrer, vor denen ich Angst habe	ja, einige	ja, einen	manchmal	nein
Ich frage nicht, weil ich Angst habe, wegen »dummer« Fragen ausgelacht zu werden	genau	ja, meistens	kommt vor	nein
Eigentlich gehe ich ganz gern zur Schule	nein	manchmal	meistens	ja
Summe der angekreuzten Felder (Jede senkrechte Spalte für sich zählen!)				
	die obere Zahl × 4 nehmen	die obere Zahl × 3 nehmen	die obere Zahl × 2 nehmen	die obere Zahl × 1 nehmen
Ergebnisse der einzelnen Spalten				
Punkte insgesamt: (Addiere die Ergebnisse der einzelnen Spalten!)				

Auswertung des Fragebogens

Wenn du insgesamt zwischen 33 und 50 Punkten erreicht hast, ist dieses Buch für dich kaum interessant. Ernsthafte Lernschwierigkeiten dürftest du dann nicht haben. Liegt deine Gesamtpunktzahl zwischen 115 und 132, sind die Ratschläge dieses Buches wenig brauchbar für dich, da deine Lernschwierigkeiten nicht durch einige grundlegende Lerntipps wirksam behoben werden können.

Falls dein Gesamtergebnis jedoch zwischen 51 und 114 Punkten liegt, wirst du großen Nutzen aus diesem Buch ziehen können.

Ein erster Schritt ist schon getan, wenn du festgestellt hast, *wie* du bisher gelernt hast. Dadurch hast du erkannt, wo deine Lernprobleme in etwa liegen. Das ist die erste Voraussetzung für besseres Lernen. Das Gewusst-wo führt zum Gewusst-wie.

Gewusst-wo ist mein Weg zum Gewusst-wie

Um den Erfolg dieses Lernprogramms von Anfang an zu sichern, arbeite bitte heute nicht weiter. Nimm nur noch einen Erfolgspunkt von den beiliegenden Klebepunkten und klebe ihn zur Kontrolle auf Stufe 1 der Methodiktreppe, die du auf Seite 191 findest.

Und damit Schluss für heute – lege das Buch bis morgen beiseite!

Der Lerneinstieg

2. Etappe

Sven sitzt vor seinen Hausaufgaben und döst vor sich hin. Da geht die Tür auf, Mutter ruft ins Zimmer: »Hast du noch immer nicht angefangen? Du könntest bereits wieder fertig sein!«

Kommt dir das bekannt vor? Sicher hast du dich schon dabei ertappt, dass es dir schwerfiel, mit den Hausaufgaben anzufangen.

Da sitzt du vor deinen Büchern und spielst ein neues Computerspiel oder auch nur mit dem Radiergummi, blickst durchs Fenster, malst Männchen ins Biologiebuch, träumst vor dich hin oder fängst an, dein Lieblingscomic zum zweiten Mal durchzulesen, nur weil es ganz zufällig in deiner Englischgrammatik liegt.

Diese Schwierigkeit, möglichst gleich nach dem Hinsetzen mit den Hausaufgaben anzufangen, ist ganz natürlich und lässt sich leicht erklären.

Zunächst muss das Gehirn sich auf Lernen einstellen. Es muss sich von dem lösen, was es kurz zuvor getan hat, ob das nun Musikhören, Einkaufen oder Schwimmen war… Diese Umstellung kann nicht schlagartig erfolgen, sie braucht Zeit.

Umstellen auf Lernen

Wie du weisst, können auch Sportler nicht gleich Höchstleistungen erbringen, sondern benötigen eine Anwärmzeit.

Genauso sollten wir uns beim Lernen eine Anwärmzeit gönnen, die unser Gehirn in Hochform bringt, und diese vorsorglich einplanen.

Wissenschaftler haben festgestellt, dass wir in der ersten Viertelstunde noch recht wenig leisten können, wie das folgende Schaubild zeigt:

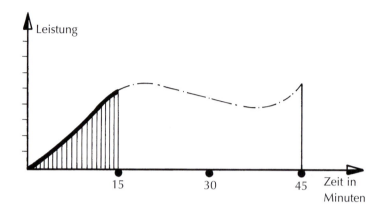

Anfangs geringe Leistungsfähigkeit

An der senkrechten Achse kannst du die Leistungsfähigkeit ablesen, an der waagerechten die Zeit in Minuten. Während der ersten Minuten zeigt die Kurve geringe Leistungsfähigkeit an, die aber schnell ansteigt und nach fünfzehn Minuten einen hohen Stand erreicht. (Den weiteren Verlauf der Kurve – im Schaubild gestrichelt – wirst du in der vierten Etappe verstehen lernen.)

Häufig erledigen wir jedoch das Schwerste zuerst, nach dem Motto: »Erst die Arbeit, dann das Vergnügen«, oder auch, um es hinter uns zu haben. Du siehst nun aber, dass du in den ersten fünfzehn Minuten noch nicht besonders leistungsfähig bist und somit ist es gescheiter, für diese Anwärmphase einen geeigneten Lernstoff auszuwählen – nämlich einen möglichst leichten. Außerdem sollte dieser Lernstoff für dich persönlich interessant sein, z.B. aus einem Fach, das dir besonders viel Spaß macht.

Zehn bis fünfzehn Minuten Anwärmzeit

Auf diese Weise überforderst du dich nicht, verschaffst dir einen gelungenen Lerneinstieg und bist nun in der Lage, auch schwierigere Aufgaben zu lösen.

Beginne stets mit etwas Leichtem

Für den Fall, dass du einmal nichts Leichtes oder Interessantes für deinen Lerneinstieg findest, geben wir dir morgen weitere Hilfen.

Für heute hast du im Methodikprogramm genug gearbeitet. Bevor du das Buch aber beiseite legst, löse doch noch die folgende Konzentrationsaufgabe:

Die Zahlen sind durch Symbole ersetzt. Versuche diese Rechenaufgabe in drei Minuten zu lösen.

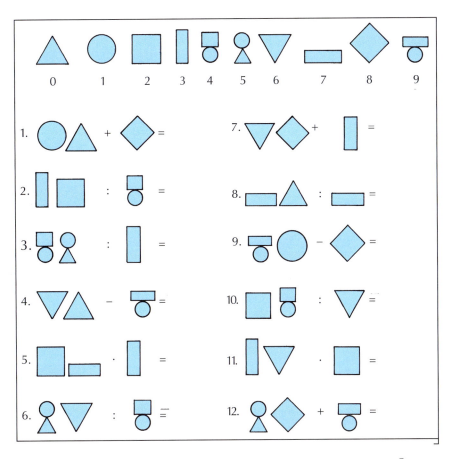

Lösung: 18,8, 15, 51, 81, 14, 71, 10, 83, 4, 72, 67

Danach nimm zwei der beiliegenden Erfolgspunkte und klebe sie auf die Stufen 2a und 2b der Methodiktreppe, die du auf Seite 191 findest.

Und damit Schluss für heute – du kannst das Buch bis morgen »vergessen«!

Aufteilung der Hausaufgaben in Portionen

3. Etappe

Du hast nun verstanden, warum es besser ist, das Lernen mit etwas Leichtem zu beginnen. Nun bekommst du eine weitere wichtige Hilfe für den Lerneinstieg.

Heute ist wieder einmal ein besonders schlimmer Tag für Sven. Er hat viel zu viele Hausaufgaben zu machen und stöhnt: »Bis ich fertig bin, ist es Mitternacht!« Kennst du das Gefühl, wenn du kein Ende mehr siehst, der Berg von Aufgaben nicht mehr zu bewältigen scheint?

Schwierigkeiten mit der Menge der Aufgaben

Halten wir uns einmal zum Vergleich das wohl berühmteste Radrennen der Welt vor Augen, die Tour de France. Sie umfasst eine Gesamtstrecke von einigen tausend Kilometern Länge. Kein Fahrer wird auch nur im Traum daran denken, diese Strecke in einem Stück abzufahren. Vielmehr hat die Rennleitung die ganze Tour in anstrengende, aber überschaubare Tagesetappen eingeteilt. Der Fahrer weiß also ganz genau, wie viele Kilometer in jeder einzelnen Etappe zu bewältigen sind.

In ähnliche »Etappen« oder Portionen solltest du deine Hausaufgaben aufteilen. Dazu stellst du erst einmal alle Hausaufgaben zusammen, die für den nächsten Tag zu erledigen sind. Dann überlegst du, wie sich die gesamte Aufgabenmenge in sinnvolle und überschaubare Portionen zerteilen läßt.

Aufgaben in Portionen einteilen

Dabei soll jede Portion so groß sein, dass sie in etwa fünfzehn bis dreißig Minuten Arbeitszeit zu schaffen ist. Am besten schreibst du jede einzelne Aufgabenportion auf einen Zettel, der die Größe einer halben Postkarte hat. Auf diesem Zettel steht aber beispielsweise nicht nur »Englisch«, sondern die Portion muss genau angegeben sein, etwa »Vokabeln lernen«, »eine Übersetzung anfertigen« oder »ein Grammatikkapitel durchlesen« – das wären allein schon drei Aufgaben und somit drei Portionen:

Arbeitszeit pro Portion 15–30 Minuten

Portionen auf Zettel schreiben und an Pinnwand hängen

Keinesfalls kommt es hier auf möglichst schön beschriftete oder millimetergenau geschnittene Zettelchen an – dieser Lerntip soll ja helfen, die Arbeitszeit zu verkürzen und die Lernfähigkeit zu verbessern.

Damit nun diese Zettel zwischen all den Büchern auf dem Schreibtisch nicht verloren gehen, sondern jederzeit gut sichtbar sind, befestigen wir sie auf einer Pinnwand – das ist eine Tafel aus dickem Kork oder Styropor, etwa so groß wie ein aufgeklappter Schulatlas. Portionen einteilen, aufschreiben und an die Pinnwand hängen, sollte zusammen höchstens fünf bis acht Minuten dauern.

Sobald du dann eine dieser Portionen erledigt hast, nimmst du den entsprechenden Zettel von deiner Pinnwand ab. Dabei kannst du laut sagen: »So, das ist geschafft!« Normalerweise wirst du dann ein kleines Erfolgserlebnis spüren, genau wie der Rennfahrer, der eine Tagesetappe hinter sich gebracht hat. Dieses Erfolgserlebnis ist äußerst wichtig, weil es dich zum Weiterarbeiten anspornt.

Sichtbare Erfolge spornen an

Besorge dir nun gleich heute eine Pinnwand und Stecknadeln und schneide schon die nötigen Zettel zurecht. Die Aufgaben für morgen kannst du dann gleich in Portionen einteilen und auf diese Zettel schreiben.

Natürlich ist das ein Trick mit Selbstüberlistung. Aber er funktioniert. Du solltest es einmal testen!

> **Pinnwand benutzen bedeutet:
> Überblick schaffen und Erfolge erleben**

Punkt einkleben – Schluss für heute!

Reihenfolge der Hausaufgaben   4. Etappe

Sicherlich achtest du beim Lernen schon jetzt auf die Anwärmzeit, beginnst regelmäßig mit etwas Leichtem, teilst den Lernstoff in sinnvolle Portionen ein und die Pinwand hängt auch schon an ihrem Platz.

Trotzdem läuft manches noch nicht so, wie du es gerne hättest. Sehen wir noch einmal auf die Arbeitsverlaufskurve.

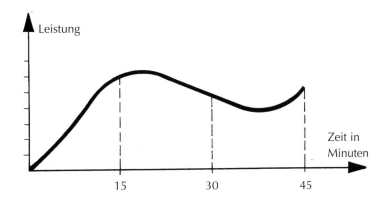

Jeder Arbeitsablauf gliedert sich in drei Phasen oder Abschnitte:

❖ die Einstiegsphase, die dir als Anwärmphase bekannt ist,
❖ die Hauptarbeits- oder Konzentrationsphase und
❖ die Schluss- oder Endspurtphase.

Die Kurve zeigt, dass du während der Hauptarbeitsphase am meisten Energie hast und daher maximale Leistung erbringen kannst.

**Einstiegsphase
Hauptarbeitsphase
Endspurtphase**

Leichte und schwierige Aufgaben ordnen

Entsprechend kannst du jetzt deine Arbeit einteilen und die Reihenfolge der Portionen festlegen. Nach etwa 15 Minuten, also zu Beginn der Konzentrationsphase, solltest du die schwierigsten Aufgaben erledigen, gegen Ende wieder etwas leichtere und zum Schluss noch einmal eine härtere Nuss. So kannst du in der Schlussphase die berühmte Endspurtwirkung ausnützen. Du kennst sie sicher aus eigener Erfahrung, zum Beispiel vom Sport: Sieht man das Ziel erst einmal in greifbarer Nähe, spürt man plötzlich eine Menge Kraftreserven frei werden. Die Vorfreude auf die Beendigung einer Strapaze verleiht noch einmal neuen Schwung. Das gilt auch für geistige Strapazen. Es wäre doch schade, diesen Vorteil nicht einzuplanen und auszunützen!

Bei der Reihenfolge der Hausaufgaben muss aber noch etwas berücksichtigt werden. Hören wir dazu dem folgenden Gespräch zwischen Mutter und Sohn zu:

»Komm, Sven, geh schlafen! Morgen ist wieder ein neuer, anstrengender Schultag.« »Ich muss aber zuerst noch Geschichte und Geographie durchlesen und die Englischvokabeln wiederholen!« »Wie bitte? Ich denke, du hast alles fertig?! Bevor du ins Kino gegangen bist, hast du mir doch erzählt, du hättest alle Aufgaben gemacht!« Sven: »Hab ich ja auch, alles Schriftliche ist fertig. Das ist die Hauptsache. Das bisschen Mündlich geht doch jetzt schnell!«

Mündliches oft wichtiger als Schriftliches

Bekannt? Mündliche Aufgaben werden gern als weniger wichtig angesehen und auf später verschoben. Man macht sie am Abend oder morgens im Schulbus oder auch gar nicht – es wird schon ein anderer drankommen ...

Sind mündliche Aufgaben tatsächlich weniger wichtig als schriftliche? Haben die beiden wirklich so wenig miteinander zu tun, darf man sie als getrennte Aufgabenblöcke behandeln?

Eine solche Arbeitsweise ist äußerst eintönig: Vokabeln werden geschrieben, der Aufsatz wird geschrieben, eine Übersetzung wird geschrieben – kurz, es wird in einem fort geschrieben...

Mangelnde Abwechslung behindert die Aufmerksamkeit

Das wird langsam öde, geht immer schleichender voran und vor lauter Langeweile merken wir das nicht einmal mehr. Natürlich kann eine ruhige, länger andauernde Arbeit auch sehr befriedigend sein. Aber dieser Fall ist leider die Ausnahme von der Regel.

Für mündliche Aufgaben gilt übrigens das gleiche: mangels (Schreib-) Bewegung schläfern sie dich sogar noch schneller ein.

So zu arbeiten, trübt – oft unmerklich – die geistige Aufmerksamkeit, vermindert das Leistungsvermögen und hemmt den Lernfortschritt.

Um dem abzuhelfen, gibt es einen verblüffend einfachen Trick: die SM-Formel:

»S« steht für Schriftlich und »M« für Mündlich. Diese S und M werden in die Arbeitsverlaufskurve eingesetzt. Die Größe der Buchstaben soll Schwierigkeitsgrad und Umfang einer Aufgabe anzeigen.

Mündliches und Schriftliches abwechseln

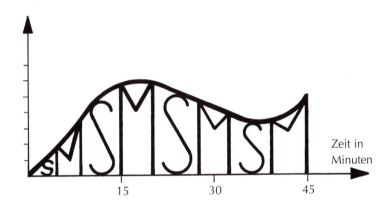

Achte außerdem darauf, dass aufeinander folgende Portionen von Hausaufgaben sich auch inhaltlich unterscheiden. Sprachliche Fächer sollten zum Beispiel mit naturwissenschaftlichen Fächern abwechseln.

Abwechslung durch die SM-Formel

Nachdem du deinen Erfolgspunkt eingeklebt hast, kannst du das Buch wieder zufrieden beiseite legen.

Die Ähnlichkeitshemmung 5. Etappe

Was heißt Ähnlichkeitshemmung? Ganz einfach: je ähnlicher benachbarte Lernstoffe sind, um so schwieriger ist es, sie als getrennte gedankliche Einheiten zu behalten und einzuordnen. Es kommt häufig zu Verwechslungen, die nur durch erheblichen Zeitaufwand (z.B. mehrfaches Wiederholen) in den Griff zu bekommen sind.

Du weißt wahrscheinlich, dass die englischen Wörter »sun« und »son« genau gleich ausgesprochen werden. Daher ordnet dein Gehirn die beiden Vokabeln sozusagen an benachbarten Stellen ein. Kein Wunder, dass im Diktat mal die eine, mal die andere »aktiv« wird, nach dem Zufallsprinzip. Rechtschreibfehler sind dann die mögliche Folge.

Ähnliches wird leicht verwechselt

Oder: Welcher Englischschüler hat nicht schon einmal »then« mit »than« verwechselt? Auch diese beiden Wörtchen lauten gleich, bedeuten aber etwas Grundverschiedenes und schreiben sich leider auch anders: Gefahr der Verwechslung!

Und schließlich die Probleme mit »to lie« und »to lay«. Zumal eines davon noch mehrere Bedeutungen hat, die sich in der Schreibung nicht unterscheiden: »to lie, lied, lied« bedeutet lügen, »to lie, lay, lain« meint liegen, und »to lay, laid, laid« schließlich legen – sogar die deutschen Bedeutungen klingen so ähnlich, dass du dich über die Verwirrung nicht wundern musst!

Dieses besonders bösartige Beispiel bildet indessen nur die Spitze eines Eisbergs an möglichen Verwechslungen aufgrund solcher Ähnlichkeitshemmungen. Deine geistige Tätigkeit wird für die »Entwirrung« dieses Durcheinanders voll in Anspruch genommen – und das restliche Denken dadurch gehemmt. Ähnliche Vokabeln sind beim Lernen an der Tagesordnung und stellen tückische Fehlerquellen dar: die Parkbank heißt keineswegs »bank«, sondern »bench« – solchen Wörtern muss man anders zu Leibe rücken als normalen, leicht unterscheidbaren Vokabeln wie »girl« und »boy«...

Zum Einprägen ähnlicher Inhalte benötigst du besondere Unterscheidungsmerkmale. In einem Wald, in dem ein Baum dem anderen gleicht, kann man schnell die Orientierung verlieren und sich leicht verlaufen, obwohl man genau aufgepasst hat und behalten wollte, von wo man gekommen ist. Alle noch so ähnlichen Dinge oder Wörter unterscheiden sich beim genauen Hinsehen in irgendeinem Merkmal, und sei es noch so geringfügig: Vokabeln werden verschieden ausgesprochen oder tragen kleine Bedeutungsunterschiede.

Hast du schon einmal versucht, unter hundert Walnüssen eine ganz bestimmte herauszusuchen? Das Experiment lohnt sich: wähle die schönste Nuss aus, merke dir so viele »Merkmale« wie du auf ihr finden kannst, und mische die Nuss unter die anderen (wie eine Lottokugel). Dann suchst du sie wieder heraus – wetten, dass du sie wiederfindest, wenn du dir nur genügend viele Besonderheiten eingeprägt hast? (Übrigens, auch die Nuss deiner Wahl heißt weiterhin »Walnuss«, ohne »h« ... hinter dem Wortspiel steckt, wie du siehst, eine weitere Ähnlichkeitshemmung: Wer Deutsch als Fremdsprache lernen muss, könnte leicht in diese Fehlerfalle purzeln ...)

Langeweile durch mangelnde Abwechslung

Du siehst also: Die Ähnlichkeit von Lernstoffen behindert oft unser Aufnahmevermögen. Dazu kommt, dass sich unser Kopf »langweilt«, wenn er es immer wieder mit ähnlich oder gleich aussehenden Dingen zu tun bekommt. Dann verkrampft sich unsere Arbeitshaltung. Schreiben – schreiben – schreiben – lesen – lesen – lesen. Und dann tanzen auch noch gleich aussehende Wörter im Kopf herum ...

Da muss Abwechslung hinein! Sie kann die Lernlust entscheidend fördern und aufrechterhalten. Jetzt, da du den Sinn der Abwechslung von Lernstoffen verstanden hast, kannst du dich einmal daran machen, die aufgeschriebenen Portionen (die Zettelchen für die Pinwand) zu sortieren. So wird das System der Pinwand entscheidend verbessert. Dabei ist zu beachten:

1. die Arbeitsverlaufskurve
2. die SM-Formel
3. die Abwechslung der Lernstoffe

Tageslernplan zum Einüben

Erstelle zum Einüben einmal einen Arbeitsplan für Sven, der sehr gern Englisch macht, weniger gern Deutsch, ganz ungern Mathematik und Physik. Geschichte hasst er regelrecht (wegen seines Lehrers). Folgende Hausaufgaben hat er nun zu erledigen:

Mathe	–	Textaufgaben schriftlich
Deutsch	–	Gliederung schriftlich; Kurzgeschichte lesen
Englisch	–	Vokabeln eintragen (schriftlich),
	–	Vokabeln lernen (mündlich),
	–	Y-Regeln lernen (mündlich)
Physik	–	Flüssigkeitsmengen berechnen (schriftlich)
Geschichte	–	Kapitel durchlesen

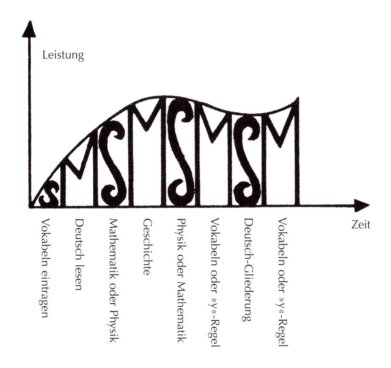

So ähnlich sollte der Tageslernplan für Sven aussehen. Was man macht, wenn mehr »S« als »M« einzutragen sind, erfährst du in einer späteren Etappe; bis dahin kann deine SM-Formel zum Beispiel auch so aussehen:

SMSSMSSM...

Ähnliches nicht hintereinander lernen

So, das wär's für heute – Punkt einkleben, Buch weglegen!

Der feste Arbeitsplatz

6. Etappe

Sven will arbeiten. Er hat sich seine Hausaufgaben in handliche Portionen aufgeteilt und möchte jetzt so richtig loslegen. Aber leider ist sein Schreibtisch belegt – mit seinem neuesten Computerspiel »Rigoletto«, mehreren Comics, einem angegessenen Stück Pizza und einem neuen volldigitalen »Music-Boomer«, der alles kann, aber immer irgendwie im Weg herumsteht. Tja, kein Platz zum Arbeiten! Zu allem Übel kommt noch Svens kleine Schwester (»die dumme Kuh«) herein und fängt ungefragt an, ihr gestriges Kinoerlebnis zu schildern – in anderen Worten, seine Arbeitswut scheitert an äußeren Umständen.

Keine Störung während des Lernens

Du merkst schon, hier spielt der Arbeitsplatz eine wichtige Rolle. Du benötigst nämlich einen eigenen Platz, an dem nur für die Schule gearbeitet wird. Noch schöner wäre natürlich ein eigenes Arbeitszimmer, wenigstens aber muss es einen festen Platz geben, an dem du ungestört deine Schularbeiten erledigen kannst.

Jeder braucht einen festen Arbeitsplatz

Dass dies notwendig ist, zeigen wissenschaftliche Experimente:

Bei mehreren Versuchspersonen wurden während der Arbeit Blutdruck, Pulsschlag und Sauerstoffverbrauch gemessen. Verständlicherweise lagen die Messwerte höher als in den Arbeitspausen. Am nächsten Tag wurden die Testpersonen untersucht, während sie zusahen, wie an ihrem eigenen Arbeitsplatz andere Personen arbeiteten. Die Messwerte der zuschauenden Arbeiter waren wieder erhöht, so als würden sie selbst da sitzen und arbeiten. Offenbar hatte sich ihr Körper allein schon durch die vertraute Arbeitsumgebung auf »Arbeiten« eingestellt!

Es gibt eine ganze Reihe von Untersuchungen, die zeigen, wie sehr unser Verhalten an Gewohnheiten hängt. Gewiss erinnerst du dich an eigene unwillkürliche Reaktionen auf bekannte Gesichter, Verhaltensweisen, Stichworte. Zum Beispiel verbinden wir mit einem bestimmten Vornamen eine langweilige oder altmodische Person. Oder bestimmte Gerüche rufen uns wehmütige Erinnerungen ins Gedächtnis...

Gewohnheiten schaffen

Die Umgebung wird »mitgelernt«

Vielleicht kennst du auch das: Sobald auf einer oft gespielten CD ein bestimmtes Lied zu Ende geht, hörst du in Gedanken schon die ersten Takte des nachfolgenden Songs. Außerdem erinnerst du dich plötzlich wieder an den Raum, die Menschen und die Situation, wo du dieses Lied zum ersten Mal gehört hast. Und wer etwas verlegt hat und es verzweifelt sucht, tut gut daran, an die Stelle zurückzugehen, wo er es noch sicher bei sich hatte, denn dort fällt ihm häufig wieder ein, wo er's liegen gelassen hat. Denn die Umgebung wird immer mitgelernt.

Diese Tatsache lässt sich nun trefflich als Lernhilfe nutzen: Indem du Gewohnheiten schaffst, die mit dem Lernen in Zusammenhang stehen, die den Körper, dein Denken und Empfinden auf das Lernen einstellen.

Feste Lernzeiten – fester Arbeitsplatz

Damit sich nun eine wirkliche Gewöhnung entwickeln kann, solltest du während der nächsten drei Wochen an diesem Platz nur Hausaufgaben machen – Freizeitbeschäftigungen wie CDs sortieren oder MP3-Player bestücken dagegen woanders erledigen.

Du wirst sehen, an diesen Arbeitsplatz wird dein Körper sich nach einiger Zeit gewöhnen, er stellt sich dann leichter aufs Lernen ein, sobald du dich dorthin begibst.

> **Gelernt wird nur am Arbeitsplatz,
> am Arbeitsplatz wird nur gelernt**

Heute kannst du wieder zwei Erfolgspunkte einkleben. Zuvor noch eine kleine Konzentrationsaufgabe:

Wie viel Großbuchstaben in kleinen Kreisen und wie viel Kleinbuchstaben in großen Kreisen sind in dieser Aufstellung enthalten?

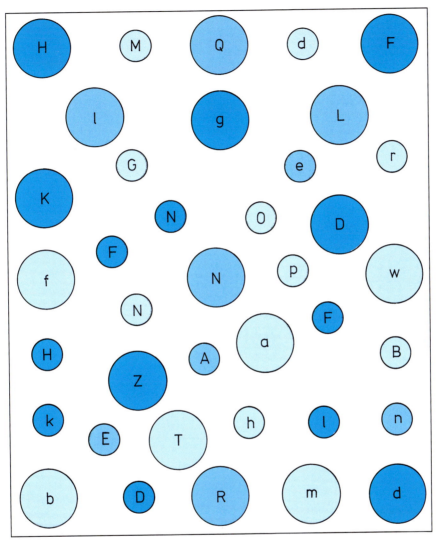

Lösung: acht Kleinbuchstaben in großen Kreisen, zwölf Großbuchstaben in kleinen Kreisen

Das Drumherum am Arbeitsplatz

7. Etappe

Dein Arbeitsplatz muss nun »technisch« in Schuss gebracht werden:

Die Temperatur im Raum soll etwa 20° betragen und eine gut verstellbare Schreibtischlampe mit einer 60-Watt-Glühbirne sorgt für das richtige Licht, das von links (bei Linkshändern von rechts) einfallen sollte.

Richtige Raumtemperatur und gute Lichtverhältnisse

Was du vielleicht noch nicht wusstest: dein Arbeitsplatz darf – nein soll – so gemütlich wie möglich sein. Hänge dir ruhig dein Lieblingsposter in der Nähe auf, besorge dir ein schönes Bild oder eine romantische Hängepflanze oder etwas anderes, das dir gefällt... Je angenehmer du die Lernumgebung findest, um so weniger Widerwillen kommt gegen das Lernen auf. Denn ein gemütlicher Arbeitsplatz erhöht die Lust am Lernen und somit die Leistungsfähigkeit, ein ungemütlicher verringert beide.

Dein Arbeitsplatz muss gemütlich sein

Du benötigst zum Arbeiten jetzt nur noch dein »Werkzeug«:

Schreibstifte, Papier, Konzeptpapier, Lineal, Bleistift und Spitzer, Radiergummi, Filzschreiber, Büroklammern, Pinwandnadeln ...

Sehr wichtig ist ein Papierkorb! Falls du keinen hast, besorge dir eine entsprechend geformte Kartontonne oder Ähnliches, beklebe und bemale sie (auch schöne Dinge fördern die innere Bereitschaft zum Lernen), und schon ist dein Papierkorb fertig. Wer Konzeptpapier (Schmierpapier genannt), erledigte Pinwandkärtchen und sonstige Abfälle nicht direkt an Ort und Stelle wegwerfen kann, verliert Zeit und Arbeitslust. Mach einmal die »Zerreißprobe«!

Papierkorb anschaffen

»Wer Ordnung hält, ist nur zu faul zum Suchen« steht auf dem großen Plakat über Svens Schreibtisch. Demnach müsste Sven ein überaus fleißiger Kerl sein... Wenn er mit den Hausaufgaben anfangen will, schiebt er alles zur Seite, was ihn stört und ihm im Weg liegt. Wenn er etwas braucht, sucht er es eben. Meistens findet er es recht schnell. Es kommt aber oft genug vor, dass er eine Viertelstunde nach seiner Formelsammlung fahndet.

Nun muss er aber nicht nur mathematische Gleichungen lösen, sondern auch einen Deutschaufsatz schreiben, eine Englischübersetzung und ein Versuchsprotokoll für Physik anfertigen, Vokabeln lernen und ein Grammatikkapitel durcharbeiten. Für diese unterschiedlichen Aufgaben braucht er auch unterschiedliches Werkzeug: Grammatikbuch, Wörterbuch, Physikbuch, Mathe-Lexikon und vieles mehr.

Wer alles zur selben Zeit auf dem Schreibtisch liegen hat, hat, wie Sven, zu Recht das Gefühl, dass man sich »durch Arbeit den ganzen Tag versaut«.

Nur benötigtes Werkzeug auf dem Schreibtisch

Mängelliste für die Pinnwand

Es ist weit sinnvoller, nur die Bücher und Hefte vor sich zu haben, die man für eine Tätigkeit gerade braucht. Wenn du nach einer erledigten Aufgabe alles wegräumen kannst, spürst du außerdem wieder ein kleines Erfolgserlebnis. Und das neue Werkzeug – für die nächste Aufgabe – kann mit viel besserer Laune, sozusagen froh und locker (nicht mit frohlocken zu verwechseln) zurechtgelegt werden. Hilfsmittel, die du sehr oft benötigst, können natürlich auf dem Schreibtisch oder besser in einem Regal in der Nähe untergebracht werden:

Rechtschreibduden, Fremdwörterlexikon, Wörterbücher, Uhr, Taschenrechner, eventuell PC und Disketten, möglicherweise noch Formelsammlungen, Atlas, Sachlexikon.

> **Gutes Werkzeug besorgen und den Arbeitsplatz gemütlich gestalten**

Jetzt noch die Konzentrationsübung gelöst – und wieder hast du zwei Erfolgspunkte verdient.

Wieviele Dreiecke sind in dieser Figur enthalten?

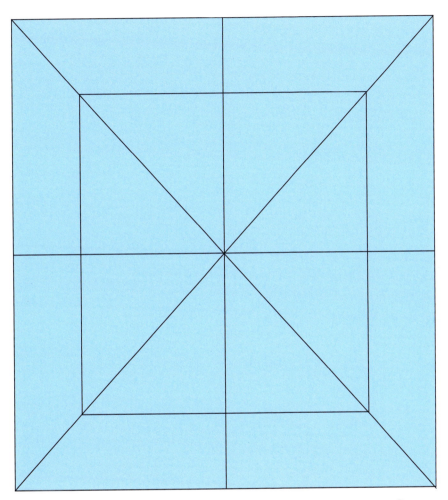

Lösung: zweiunddreißig

Optimale Arbeitszeit

8. Etappe

»Jetzt lernen, so gleich nach dem Mittagessen? Unmöglich: ein voller Bauch studiert nicht gern!« Doch Svens Vater bleibt unerbittlich: »Geh an deine Aufgaben, damit du sie endlich hinter dir hast. Erst die Arbeit, dann das Vergnügen!«

Wahrscheinlich bleibt Vater der Stärkere – schade, denn unser Sven hat gar nicht so unrecht: Nach größeren Mahlzeiten können wir grundsätzlich nicht gut lernen. Das Gehirn benötigt nämlich sehr viel Sauerstoff, der durch das Blut herantransportiert werden muss. Dieses aber befindet sich gerade vorwiegend in den Verdauungsorganen und ist mit der Aufnahme von Nährstoffen beschäftigt. Das Gehirn geht beinahe leer aus. Körperliche und geistige Trägheit sind die Folge, die zwangsläufig nach einem reichhaltigen Essen auftritt und die du bestimmt auch kennst. Sie ist auch der Grund dafür, dass sich viele liebe Mitmenschen zu einem Mittagsschläfchen begeben, das du, wenn du schon mal in Spanien warst, als »siesta« kennen gelernt hast ...

Nach den Mahlzeiten sinkt die Leistungsfähigkeit

Für unser Thema bedeutet das: Nach jeder Hauptmahlzeit solltest du mit dem Lernen noch ungefähr eine bis anderthalb Stunden warten und in dieser Zeit etwas tun, das dich auf angenehme Weise entspannt. Natürlich kannst du gleich mit anstrengender geistiger Arbeit beginnen. Um jedoch gute Leistungen zu erzielen, benötigst du dann viel mehr Zeit.

Auch ein leerer Magen bildet eine denkbar schlechte Grundlage beim Lernen, erinnert einen das innere Knurren doch andauernd an etwas Essbares und lenkt von der Arbeit ab. Wer seit sieben Stunden nichts mehr in den Magen bekommen hat, wird eher eine Bratwurst mit Pommes vor Augen haben als den ertrinkenden Kaiser Barbarossa. Es gilt also, im Verhältnis von Essens- und Lernzeiten einen persönlichen Mittelweg, ein »Optimum«, zu finden.

Essens- und Lernzeiten aufeinander abstimmen

Leistungshoch zwischen 8 und 12 sowie 16 und 18 Uhr

Es ist gar nicht so einfach, zu sagen, wann du am besten lernst. Eine allgemein gültige optimale Arbeitszeit gibt es nicht. Wohl ist bekannt, dass bei vielen Menschen zwischen 8 und 12 Uhr und zwischen 16 und 18 Uhr ein Leistungshoch besteht, das je nach Arbeitsbedingungen und Gewohnheiten jedoch deutlich verschoben sein kann. Am besten geeignet sind mit Sicherheit diejenigen Lernzeiten, die zur festen Gewohnheit geworden sind, weil dann der Körper ohne große Überwindung, fast automatisch, auf Lernen »schaltet«, genauso wie er sich abends auf Schlafen einstellt.

Feststehende Lernzeiten angewöhnen

Gewöhne dir also eine feste Zeit zum Lernen an und beachte dabei, welche Lernzeiten von vornherein ungünstig sind:

Voraussetzungen für das Lernen am Abend

Neben dem schon erwähnten zu vollen oder zu leeren Magen ist die Zeit unmittelbar nach Schulschluss ungeeignet, weil du ja den Lernstoff des Vormittags erst noch »verdauen« musst. Der frühe Abend ist im Grunde brauchbar zum Lernen, nur darf es dann keinerlei Ablenkungen geben. Manch ein Schüler, der sich vorgenommen hat, abends noch zu lernen, hat schon am Nachmittag ein schlechtes Gewissen und kann die Freizeit nicht richtig genießen, weil er immer wieder an die unerledigten Aufgaben denken muss.

- Du machst dir nichts vor?
- Es besteht keine Ablenkungsgefahr?
- Du weißt aus Erfahrung, dass es abends mit dem Lernen klappt?

In diesem Fall darfst du den Abend als Lernzeit einplanen. Allerdings sind diese Voraussetzungen nur bei wenigen gegeben.

Die Zeit morgens vor Schulbeginn schließlich ist denkbar schlecht zum Lernen geeignet, da herrscht meist großer Zeitdruck und das bedeutet Stress, der die Lernfähigkeit blockiert. Außerdem brauchst du nach dem Aufstehen erst einmal eine gewisse »Anwärmzeit«, bis du geistig richtig wach bist.

Vielleicht hast du bisher keinerlei Probleme mit der Lernzeit gehabt – umso besser. Falls doch, merke dir:

Feste Lernzeiten zur Gewohnheit machen

Noch eine kleine Konzentrationsübung, dann ist Schluss für heute.

Klebe danach bitte zwei Erfolgspunkte auf deine Methodiktreppe und lege das Buch beiseite.

Welche der Figuren 2 bis 9 sind durch Drehung aus Figur 1 entstanden?

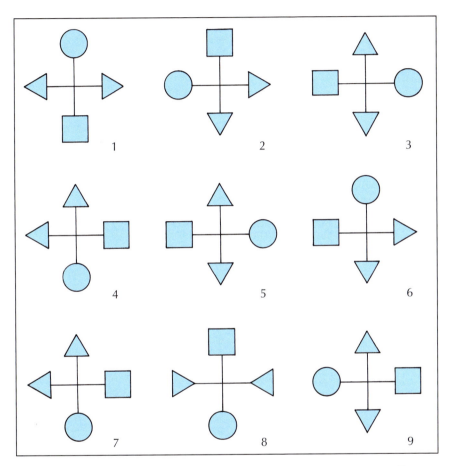

Lösung: drei, fünf, neun

Abschalten und Umschalten

9. Etappe

Sven hat mittlerweile seinen Arbeitsplatz eingerichtet. Doch seit Tagen liegt ihm seine Mutter in den Ohren: »Also dass du immer noch solche Schwierigkeiten mit den Hausaufgaben hast, kann ich nicht verstehen. Jetzt hast du doch ein eigenes Zimmer mit Schreibtisch, an dem du in aller Ruhe arbeiten kannst...«

Eindrücke und Erlebnisse schwingen nach

Mancherlei Erinnerungen aus naher und ferner Vergangenheit, angenehme und unangenehme Eindrücke und Erlebnisse lassen sich nicht so einfach abschalten wie das Fernsehbild im TV. Sie schwingen vielmehr noch eine Weile nach und überlagern das Denken.

Je stärker diese Eindrücke und Erlebnisse sind, um so mehr hemmen sie die Lernbereitschaft und behindern die Lernleistung. Da muss schon ein ziemlich interessanter Lernstoff kommen, um die Aufmerksamkeit auf das Lernen hinzulenken. Meist aber fehlt gerade in solchen Situationen das passende Lernmaterial.

Abschalten und auf Lernen umschalten

Vielleicht hilft dir zum Abschalten von deinen Erlebnissen und Eindrücken (die vor allem bei »langweiligen« Fächern gern wieder hochkommen) und zum Umschalten auf geistiges Arbeiten ein Konzentrationstraining von zwei bis drei Minuten.

Konzentrationstraining zum Umschalten

Versuche dich in den nächsten Tagen vor dem richtigen Arbeiten erst einmal spielerisch mit dem Stoff zu beschäftigen.

Im folgenden Text zum Beispiel sind achtzehn Tiernamen versteckt (etwa »Hahn« in »wer sic**h ahn**ungslos...«).

Versuche, in drei Minuten möglichst viele dieser achtzehn Tiere zu entdecken. Die ersten drei Tiere sind besonders gekennzeichnet. Lass jemanden die Zeit nehmen ...

2–3 Minuten genügen

– fertig, los!

Klaus war sicher kein Streber, wenn er vom ersten Schultag an seine Hausaufgaben erledigte. Da es ihm auch empfohlen wurde, d.h. er kam selbst darauf – überprüfte er nun, ob sein Tisch und Stuhl in richtiger Lage zum Licht standen. Er kontrollierte auch den Einfallswinkel des elektrischen Lichtes. Dann bastelte er ein Bücherbord aus Ziegelsteinen, nahm aus einer Schublade einige Bilder, um die Wände zu schmücken. Vorsorglich hatte er kürzlich ein Pop-Plakat ergattert.
Dann wollte er sich aufraffen und ein Experiment machen: Einen Aufsatz über einen Zoo schreiben, ohne die raren Tiere zu erwähnen.
Er kam elfmal ins Stocken, aber er hat es geschafft!

Zur Kontrolle: Neben Laus, Eber und Gans haben sich in diesem Aufsätzchen versteckt: Sau, Fohlen, Amsel, Hund, Tiger, Esel, Ziege, Maus, Mücke, Kater, Affe, Rentier, Kamel, Schaf.

Wenn du mindestens neun Tiere gefunden hast, wird es dir jetzt bestimmt leichter fallen, auf deine Hausaufgaben umzuschalten, als wenn du dich erst noch gedanklich von dem spannenden Krimi, der neuen CD oder dem Krach mit deiner älteren Schwester lösen musst.

Eigene Spiele mit Wörtern entdecken

Solche Übungen brauchen nicht vorgegeben zu sein: Es ist sogar besser, wenn du selbst mit beliebigen Texten Spiele wie dieses erfindest. Natürlich können außer Tieren auch Gegenstände, Begriffe aus der Werbung, die ersten vier Buchstaben berühmter Persönlichkeiten oder einfach andere deutsche Wörter gesucht sein. Das Wort Arbeitsplatz beispielsweise beinhaltet die Begriffe **Arbeit, Platz, Ar, Ei, Latz**; in Abschalten findest du **ab, schalten, Schal, alt** versteckt.

Material sammeln aus Zeitungen und Zeitschriften

Für diese Spiele, die ja eigentlich ein Vortraining darstellen, eignen sich auch Texte aus Zeitungen oder Zeitschriften. Allerdings sollte der ausgewählte Abschnitt nicht länger als etwa zwanzig Zeilen sein. Bringe aber nicht zu lange mit diesen Übungen zu! Drei bis fünf Minuten genügen, am besten stoppst du die Zeit – dann soll die »eigentliche« Arbeit beginnen...

Abschalten und Umschalten müssen trainiert werden

Wenn du neun Tiere in drei Minuten gefunden hast, kannst du deinen Erfolgspunkt einkleben – andernfalls müsste die Stufe von heute frei bleiben. Einen Zusatzpunkt kannst du dir noch durch die folgende Übung erobern.

Die Punkte der jeweils gegenüberliegenden Würfelflächen ergeben die Zahl 7. Welche der abgebildeten Würfel entsprechen dieser Regel nicht?

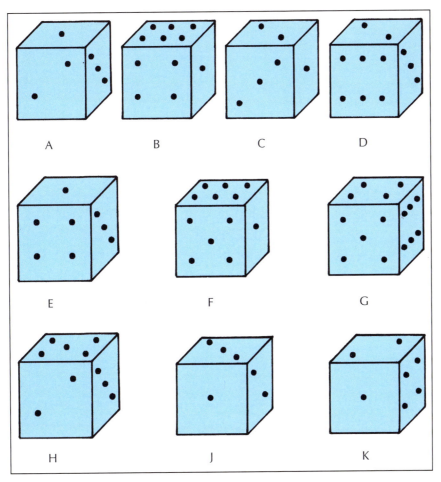

Lösung: nicht richtig angeordnet sind die Würfel B, E, F, H

Warum Pausen nötig sind

10. Etappe

Manchmal während des Lernens ist Sven plötzlich ganz woanders: Für einige Augenblicke haben sich seine Gedanken ein Päuschen gegönnt. »Verflixt, schon wieder geträumt, dabei bin ich doch hellwach!«

Ein schlechtes Gewissen ist die häufige Folge des Abschaltens während der Arbeit. Zu Unrecht: Es gibt nämlich keine Möglichkeit, diese unfreiwilligen Unterbrechungen durch »Willenskraft« abzustellen. Es handelt sich dabei um sogenannte »unbewusste Pausen«, die von Zeit zu Zeit automatisch eintreten, etwa dreißig Sekunden andauern, und die nicht unterdrückt werden sollten, weil sie eine Art Ventil darstellen, mit dessen Hilfe sich dein Körper kurzfristig die erforderliche Entspannung verschafft.

Schlechtes Gewissen bei Pausen

Das schlechte Gewissen nach unbewussten sowie allen anderen sinnvoll eingelegten Pausen kannst du dir sparen: Pausen gehören zur Arbeitszeit wie die Abstände zwischen den Wörtern zum Text. Merke dir daher folgende Formel:

Pausen sind notwendiger Bestandteil der Arbeitszeit

Arbeitszeit = Lernzeit + Pausen

Da dein Körper keine Maschine ist, benötigt er ziemlich häufig und regelmäßig Pausen. Sie sind aber nicht nur biologisch notwendig. Du kannst Pausen sogar gezielt zur Leistungssteigerung einsetzen. Sieh dazu die folgenden Ergebnisse an:

Pausen bewirken Leistungssteigerung

Eine Gruppe von Schülern rechnete eine halbe Stunde lang einfache Aufgaben und legte dabei keine Pause ein, um keine Zeit zu verlieren, ähnlich wie in einer Klassenarbeit.

Im Durchschnitt wurden 37 Aufgaben gerechnet, sieben davon falsch. Am nächsten Tag bearbeitete dieselbe Gruppe wieder eine halbe Stunde lang ähnliche Aufgaben, legte dabei aber nach jeder Viertelstunde eine Pause von je fünf Minuten ein, so dass sie insgesamt nur 25 Minuten rechnete. Im Durchschnitt wurden diesmal 35 Aufgaben richtig gelöst. Am dritten Tag saß dieselbe Gruppe noch einmal dreißig Minuten über vergleichbaren Rechenaufgaben, legte aber diesmal nach jeweils fünf Minuten eine Pause von je einer Minute ein, insgesamt also 25 Minuten Rechnen und fünf Minuten Pause: Unter diesen Bedingungen wurden durchschnittlich sogar 38 Aufgaben richtig gelöst.

7 Fehler	**5 Fehler**	**4 Fehler**
30 richtig gelöste Aufgaben	35 richtig gelöste Aufgaben	38 richtig gelöste Aufgaben
30 Minuten Arbeitszeit ohne Pause	30 Minuten: 25 Minuten Lernzeit 1 x 5 Minuten Pause	30 Minuten: 25 Minuten Lernzeit 5 x 1 Minute Pause

Pausen gleichmäßig verteilen

Erstaunlich, nicht wahr? Nicht am ersten Tag, an dem die reine Rechenzeit fünf Minuten länger war, wurde die beste Leistung erzielt, sondern am dritten Tag, als die Pausen gleichmäßig über die Arbeitszeit verteilt waren. Diese Leistungssteigerung war das Ergebnis einer vernünftigen Pausenregelung.

Mehrere kurze Pausen sind besser als eine lange

Wie kommt das? Zum einen nimmt bei gleichmäßig eingelegten Pausen die Zahl der unwillkürlichen Pausen ab, zum anderen erhöht sich die Zahl der Endspurte: Vor jeder Pause liegt nun sozusagen ein kleiner Endspurt und deshalb ein Leistungsanstieg, wie du bestimmt noch aus der vierten Etappe weißt.

Das bedeutet nun nicht, so viele Pausen wie möglich einzulegen. Um sinnvoll zu arbeiten, solltest du dich an folgende Regeln halten:

1. Alle 30 Minuten solltest du eine Pause von fünf Minuten einlegen, zum Beispiel nachdem du den Zettel einer erledigten Aufgabe von der Pinwand abgenommen hast. Stehe vom Arbeitsplatz auf, lege kurz deine Lieblingsmusik ein, bewege dich, etwa durch kurze Streckübungen oder Ähnliches. **Fünf-Minuten-Pause**

2. Nach einer bis eineinhalb Stunden Arbeitszeit solltest du dir zusätzlich eine längere Entspannungspause gönnen. Verlasse auch hierzu den Arbeitsplatz und entspanne dich durch Erfrischung, Ablenkung, Bewegung. **Entspannungspause**

3. Die Erholungspause kommt für dich sicherlich nur selten in Betracht, bei längeren Deutschaufsätzen vielleicht oder bei einer Klassenarbeitsvorbereitung. Nach etwa zwei Stunden Arbeitszeit musst du dich gründlich erholen, und zwar mindestens eine Stunde – bei längerer Pausendauer fällt es zu schwer, wieder den Lerneinstieg zu finden. Während dieser Erholungspause solltest du irgendetwas unternehmen – ins Schwimmbad gehen oder Freunde besuchen. **Erholungspause**

Mache dir zu Beginn jeder Pause bewusst, dass du einen Teil deiner Aufgaben hinter dich gebracht hast. Dieses kleine Erfolgserlebnis hilft, bei der Entspannung und beim Lerneinstieg nach der Pause.

Lass dich keinesfalls durch die Menge der noch anstehenden Aufgaben stören – wichtig ist, dass du einen Teil der Portionen planmäßig erledigt hast! Bei allen Pausen solltest du bewusst vom Lernen abschalten; nachdem du ihre Bedeutung erkannt und verstanden hast, brauchst du kein schlechtes Gewissen mehr haben. **Bewusst abschalten**

Natürlich dürfen die Pausen nicht dauernd überzogen werden. Wie für alle anderen Lerntipps dieses Buches gilt auch hier: Ohne ehrliche Selbstkontrolle klappt es nicht!

Lege gezielt Pausen ein – zur Leistungssteigerung

Nun hast du dir eine Pause redlich verdient – klebe nur noch einen Erfolgspunkt ein!

Die verschiedenen Lerntypen

11. Etappe

Claudia ist wieder in der Schule. Sie berichtet gerade über ein Physikproblem in ihrem Buch. Dabei hat Claudia die drei Abschnitte zu Hause nur zweimal durchgelesen. Sven ist ratlos. Er hat denselben Text dreimal durchgelesen, erinnert sich aber kaum mehr an Einzelheiten. Vielleicht hast du auch schon einmal festgestellt, dass du beim Lesen eines Textes wesentlich weniger behalten kannst als mancher deiner Mitschüler. Claudia kann beispielsweise beim Lesen eines Textes eine Menge aufnehmen, verarbeiten und behalten, also lernen. Dafür fällt es ihr aber schwer, im Unterricht den Erklärungen des Lehrers zu folgen, sich den Text einer Nacherzählung zu merken oder ein Schaubild mit einem Blick zu erfassen.

Offenbar gibt es verschiedene Arten des Lernens. Grundsätzlich können wir sie alle nutzen, aber die Eignung für jeden dieser Lerntypen ist unterschiedlich ausgeprägt. Claudia lernt am besten durch Lesen, du vielleicht besser durch Zuhören oder Sehen ...

Unterschiedliche Lernarten

Wir unterscheiden vor allem drei Lerntypen:

1. Lerntyp Lesen
2. Lerntyp Hören
3. Lerntyp Sehen

Diese drei Lerntypen kommen in reiner Form natürlich nie vor. In jedem gesunden Menschen sind immer alle drei Lernwege angelegt.

Vielfalt der Lerntypen

Sicher möchtest du nun gern wissen, zu welchem Lerntyp du am meisten neigst, welche Lernwege du am liebsten benutzt und welche dir den größten Erfolg bringen. Um das herauszufinden, wollen wir in den nächsten drei Etappen einen kleinen Test durchführen. Mach dir zur Vorbereitung zwei bis drei Minuten lang Gedanken darüber, welchen Lernweg (Lesen, Hören oder Sehen) du am häufigsten benutzt.

Schreibe das Ergebnis auf:

....

Glaubst du, dass dieser Lernweg für dich der wirkungsvollste ist?

ja   nein
❏   ❏

Mehr zu diesem Thema erfährst du in der nächsten Etappe.

Für heute genügt die zusammenfassende Erkenntnis:

Den wirkungsvollsten Lernweg benutzen

Du bist nun auf der Methodiktreppe wieder eine Stufe höher geklettert, und wenn du jetzt die Konzentrationsübung noch löst, sogar zwei!

Die mit

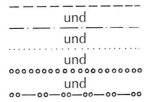

verbundenen Buchstaben ergeben jeweils ein Wort. Die Worte richtig aneinander gereiht ergeben einen Satz.

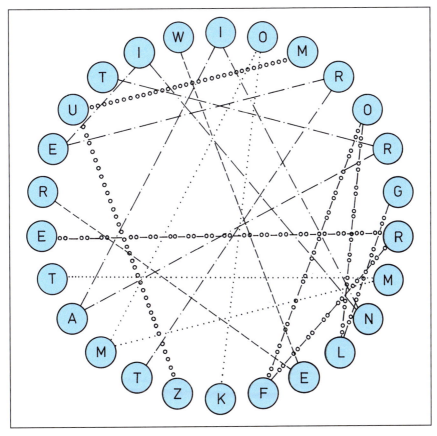

Lösung: Wer trainiert, kommt zum Erfolg

12. Etappe — Lerntyp Lesen

Lernstoff durch Lesen aneignen

Heute nehmen wir uns den Lerntyp Lesen vor, für den unsere Claudia ein gutes Beispiel darstellt. Sie kann das Gelernte am besten aufnehmen und behalten, wenn sie es sich durch Lesen aneignet. Was in der Schule besprochen wurde, sollte sie zu Hause nachlesen. Es ist für sie besonders nützlich, die im Unterricht besprochenen Stoffgebiete durch Lesen von Artikeln aus Zeitschriften und Sachbüchern zu ergänzen.

Solltest du auch zu denen gehören, die besonders gut durch Lesen lernen können, merke dir:

Wer liest, hat mehr im Kopf

Bitte nun jemanden, mit dir den ersten Lerntyptest zu machen. Selbstverständlich darfst du die Erläuterungen, die sich einige Seiten weiter hinten befinden, nicht schon vorher lesen, da die Ergebnisse sonst verfälscht und wertlos werden.

Testdurchführung

Gib das Buch nun der Person, die den Test mit dir durchführt. Die Anweisungen stehen auf Seite 62.

Bist du fertig mit dem ersten Teil des Tests? Dann trage hier die erreichte Punktzahl ein:

Nun darfst du deinen Erfolgspunkt einkleben. Für heute ist Schluss mit dem Arbeiten. Morgen kommt der zweite Teil des Tests an die Reihe – aber wirklich erst morgen.

Lerntyp Hören

13. Etappe

Heute wollen wir uns dem Lerntyp Hören widmen. Wer Gehörtes leicht behalten kann, ist in der Schule im Vorteil, denn im Unterricht wird hauptsächlich durch Hören gelernt, also auf dem akustischen Weg. Wer zum Lerntyp Hören zählt, sollte sich darauf verlegen, den Lernstoff überwiegend durch Sprechen und Zuhören aufzunehmen.

Lernstoff hörbar machen

Das fängt schon damit an, dass man das Kapitel über die Pandabären, das morgen abgefragt wird, laut und deutlich liest. Tonband einsetzen. (Nimmst du dich dabei gleichzeitig auf Tonband auf, so kannst du dich später beim Abspielen des Bandes ganz auf das Hören einstellen.) Kommt man beispielsweise mit einer Rechenaufgabe nicht klar, ist es für den Lerntyp Hören besser, sie sich von einem Mitschüler in freien Worten erklären zu lassen, als die Rechenregel immer wieder im Mathematikbuch nachzulesen.

Laut lesen

Wenn du zu diesem Lerntyp gehörst, nimm dir einmal eine Programmzeitschrift vor und sieh nach, was die Radioprogramme für Schüler und Jugendliche alles zu bieten haben. Du wirst überrascht sein, wie abwechslungsreich und interessant Lernen durch Hören sein kann.

Radiosendungen auswählen

Mehr lernen durch Hören

Führe nun den zweiten Teil des Lerntyptests durch. Die Person, die dich testet, soll dazu wieder Seite 63 aufschlagen.

Trage nach dem Test die erreichte Punktzahl ein:

So, aufhören für heute. Klebe einen Punkt auf die Methodiktreppe.

14. Etappe | Lerntyp Sehen

Als drittes wollen wir uns mit dem Lerntyp Sehen befassen: Sollte Sehen ein besonders effektiver Lernweg für dich sein, hilft dir ein fortschrittlicher Unterricht mit Filmen, Dias, Folien und Modellen als unterstützenden Medien. Schulen älteren Typs haben leider etwas weniger für dich »übrig« – da wird oft noch viel geredet, wenig gezeigt.

Bildliches Vorstellungsvermögen schulen

Deshalb musst du dir selbst weiterhelfen. Versuche, dir bei den Erklärungen der Lehrkraft die Dinge und Vorgänge bildhaft vorzustellen, das heißt, vor deinem geistigen Auge (man sagt auch: visuell) entstehen zu lassen. Mache dir also ein eigenes Gedanken-Bild.

Begriffe mit originellen Bildern verbinden

Beim Vokabellernen kannst du dir zu den einzelnen Wörtern lustige, originelle Bilder ausdenken. Claudia stellte sich zu dem englischen Wort »bat« fünf Sekunden lang mit geschlossenen Augen den Titelhelden des »Batman« im gleichnamigen Film vor – und seitdem sitzt das Wort. Vielleicht ahnst du jetzt auch, was es bedeutet?

Eigene Modelle entwickeln

Sicherlich werden dir genügend witzige Eselsbrücken einfallen ... Wenn du dir in Mathe den Schnitt durch eine Kugel nicht vorstellen kannst, nimm doch an ihrer Stelle einen Apfel und schneide ihn durch. Und schon ist auch der Kugelschnitt kein Problem mehr für den Lerntyp Sehen, weil der Lernstoff an diesen angepasst, sichtbar gemacht wurde.

Skizzen anfertigen

Für den Lerntyp Sehen ist es besonders wichtig, Skizzen und Zeichnungen im Unterrichtsmaterial eingehend zu betrachten und selbst anzufertigen. Außerdem sollten Bilder, Filme und Dias als Lernhilfen hinzugenommen werden.

Was hältst du übrigens vom Besuch eines Naturkundemuseums? Keine Panik, es gibt eine ganze Reihe ausgefallener, hochinteressanter Museen, die nicht so langweilig und verstaubt sind, wie du vielleicht aus schlechter Erfahrung heraus glaubst. Sieh dich mal um!

Du kannst auch in der Klasse vorschlagen, eine Fabrik, Sternwarte, Klär-anlage, Druckerei, einen Flughafen oder die modernsten Neuerungen der örtlichen Feuerwehr zu besuchen.

Besichtigungen anregen

Mehr behalten durch bildliche Vorstellung

Führe nun den dritten Teil des Lerntyptests durch. Die Person, die dich testet, findet die Angaben hierzu auf Seite 63. Trage nach dem Test die erreichte Punktzahl ein.

Erfolgspunkt einkleben!

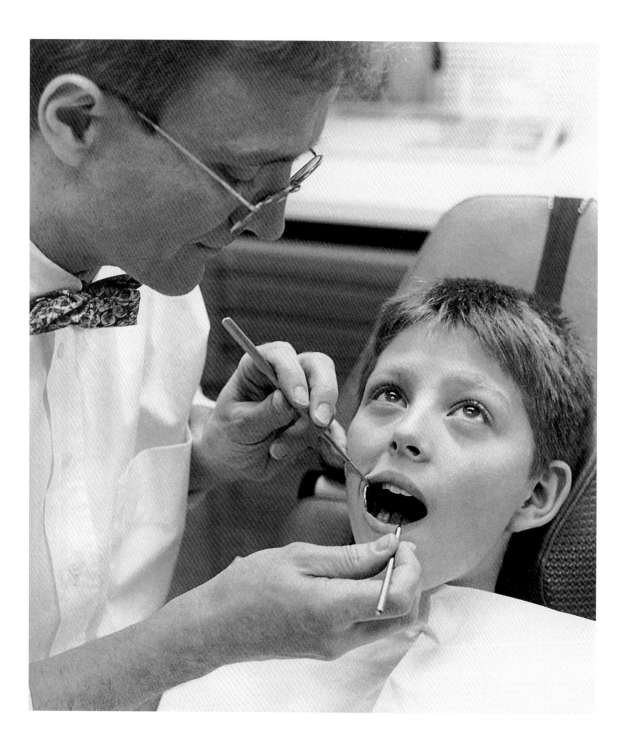

Testauswertung

15. Etappe

Du hast nun den gestrigen Test abgeschlossen. Jetzt sollten wir ihn gemeinsam auswerten, um festzustellen, zu welchem Lerntyp du neigst. Übertrage zunächst die von dir erreichten Punktzahlen in die drei Kästchen.

Lerntyp Lesen ☐

Lerntyp Hören ☐

Lerntyp Sehen ☐

Diese drei Werte sollen nun in ein Achsensystem eingetragen werden. Nehmen wir einmal an, du hättest im ersten Teil fünf Punkte, im zweiten Teil sechs Punkte und im dritten Teil drei Punkte erreicht. In diesem Fall müsstest du auf der Achse »Lesen« bei der Zahl 5 ein Kreuz, auf der Achse »Hören« bei Zahl 6 und auf der Achse »Sehen« bei der Zahl 3 ein Kreuz machen. Die Punkte auf den Achsen werden nun miteinander verbunden, so dass ein Dreieck entsteht.

Entstehung des Lerndreiecks

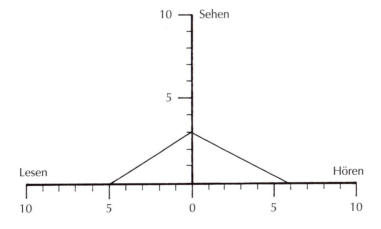

Dein eigenes Lerndreieck

In das nächste Achsenkreuz kannst du nun dein persönliches Lerndreieck einzeichnen.

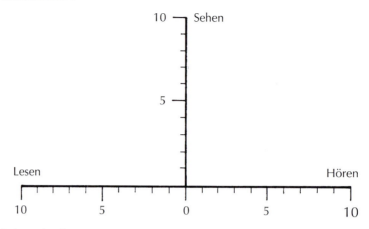

Zum Vergleich: Claudias Lerndreieck

Nachdem du dein Lerndreieck gezeichnet hast, wollen wir dir das Lerndreieck von Claudia vorstellen und daran erklären, wie man ein Lerndreieck auswertet.

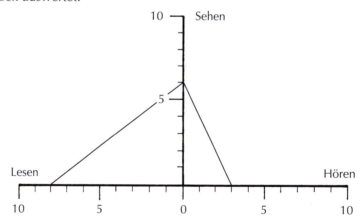

Claudias Lerntyp

Claudias Stärke liegt, wie du an dem Dreieck sehen kannst, eindeutig auf dem Lernweg Lesen. Der Lernweg Sehen bringt ihr ebenfalls brauchbare Ergebnisse. Dagegen liegt ihr der Lernweg Hören nicht besonders. Claudia hat in der Schule Schwierigkeiten, langen mündlichen Erklärungen des Lehrers zu folgen. Sie muss zu Hause alles noch mal in einem Buch nachlesen. Claudia sollte den Stoff möglichst auch in bildlicher Form erarbeiten, um ihn besser behalten zu können.

Es ist wichtig für sie, regelmäßig Zeitschriften und Bücher zu lesen.

Testaussage

Schau dir nun dein eigenes Lerndreieck an. Die Achsen, auf denen du die beiden höchsten Punktzahlen abgetragen hast, bezeichnen die für dich günstigen Lernwege. Folgende kombinierte Lerntypen sind möglich:

Lesen / Hören
Lesen / Sehen
oder
Hören / Sehen

Benutze künftig die Lernwege, die deinem Lerntyp entsprechen. Wenn du nicht mehr genau weißt, wie man die einzelnen Lernwege besonders gut nutzen kann, blättere zu den betreffenden Etappen zurück.

Benutze die Lernwege, die deinem Lerntyp entsprechen

Für heute hast du genug geschafft und dein Ziel erreicht. Klebe deinen Erfolgspunkt ein und schließe das Buch.

Testanweisung zur Ermittlung des eigenen Lerntyps

Der folgende Test soll helfen, das Lernverhalten besser zu verstehen. Dazu wird geprüft, über welche Eingangskanäle eine Testperson am besten lernt. Ferner soll der Lerntyptest zeigen, dass Lernfähigkeit nicht nur vom Intelligenzgrad, sondern auch davon abhängt, wie Lernstoff angeboten und gespeichert wird.

Der Test gliedert sich in drei Abschnitte, die an drei aufeinander folgenden Schultagen etwa zur gleichen Tageszeit durchgeführt werden sollen. Um Ungenauigkeiten im Testergebnis zu vermeiden, müssen die Testbedingungen genau eingehalten werden. Dazu wird eine Uhr mit Sekundenzeiger benötigt.

Erster Tag: Vorbereitungen zum Lerntyptest Teil 1

Die Begriffe

Handtuch	Decke
Klavier	Griff
Fingerhut	Mantel
Fenster	Rasen
Ofen	Buch

werden gut lesbar auf Karten geschrieben. Auf einem anderen Zettel werden acht bis zehn einfache Rechenaufgaben vorbereitet.

Beispiele 3×7, $11 - 3$, 6×8, 17×9, 2×17, $49 - 13$, 5×41, $72 : 12$

Testbeschreibung Teil 1

Die Versuchsperson erhält zwei Sekunden Lesezeit für jeden Begriff. Ist ein Begriff gelesen worden, wird der Zettel verdeckt weggelegt. Sind alle zehn Begriffe gelesen worden, muss die Testperson 30 Sekunden kopfrechnen. Danach soll die Testperson die vorher gelesenen zehn Begriffe wiedergeben. Sie hat dafür 20 Sekunden Zeit. Durch Weglegen der entsprechenden Zettel wird kontrolliert, wie viele Begriffe behalten wurden. Das Ergebnis wird notiert. Selbstverständlich darf die Testperson in der Zeit, in der sie sich an die Begriffe zu erinnern versucht, nicht gestört oder unterstützt werden.

Nun werden auf einen einzigen Zettel zehn neue Begriffe geschrieben.

Beispiele	Dose	Tusche
	Krug	Waage
	Pantoffel	Zucker
	Federball	Schrank
	Teppich	Zirkel

Zweiter Tag: Vorbereitungen zum Lerntyptest Teil 2

Auf einem weiteren Zettel werden zehn Rechenaufgaben vorbereitet:

4 × 11, 23 – 7, 24 : 6, 13 + 11, 3 × 12, 73 – 15, 4 × 16, 63 + 26

Beispiele

Der Testperson werden die zehn Begriffe im Abstand von zwei Sekunden laut und deutlich vorgelesen. Anschließend soll sie wieder 30 Sekunden lang kopfrechnen. Danach hat die Testperson wieder 20 Sekunden Zeit, sich an die Begriffe zu erinnern. Die richtig erinnerten Begriffe werden auf dem Zettel abgehakt und ihre Anzahl der Testperson mitgeteilt.

Testbeschreibung Teil 2

Zehn Gegenstände werden unter einem Tuch so bereitgelegt, dass die Testperson sie nicht sehen kann.

Beispiele	Apfel	Bleistift
	Gabel	Toilettenpapier
	Zahnbürste	Knopf
	Glas	Schere
	Heft	Schlüssel

Dritter Tag: Vorbereitungen zum Lerntyptest Teil 3

Werden die Gegenstände zusätzlich noch auf einem Zettel notiert, fällt die Kontrolle leichter. Wenn die Testperson die Begriffe nennt, können diese sofort auf der Liste gestrichen werden.

Hier wieder Beispiele für Rechenaufgaben (extra Zettel):

7 × 9, 18 + 5, 39 : 3, 26 – 17, 5 × 19, 11 × 11, 74 – 17, 51 : 30

Beispiele

Jeweils im Abstand von zwei Sekunden werden der Testperson die vorher verdeckten Gegenstände der Reihe nach gezeigt. Dann werden die Gegenstände wieder weggelegt, so dass sie für die Testperson nicht mehr sichtbar sind. Wurden nun auf diese Weise alle zehn Gegenstände gezeigt, gibt es wieder Rechenaufgaben zu lösen. Nach 30 Sekunden Rechnen wird der Testperson dann 20 Sekunden lang Gelegenheit gegeben, die Gegenstände zu nennen, an die sie sich erinnert. In der zuvor erstellten Liste werden nun die richtigen Begriffe abgestrichen und ihre Anzahl notiert.

Testbeschreibung Teil 3

Die 5-Gang-Lesetechnik

16. Etappe

»Bis morgen lest ihr die Geschichte über die Erstbesteigung des Matterhorns auf Seite 92 im Buch durch, sodass ihr darüber berichten könnt.«

Damit entlässt der Deutschlehrer seine siebte Klasse. Sven liest gern und hat sich vorgenommen, diesen Teil der Hausaufgaben als Lerneinstieg zu nutzen. Im Nu hat er die spannende Erzählung durchgelesen und macht sich an die anderen Aufgaben. Am nächsten Tag wird Sven aufgefordert, die Matterhorn-Geschichte in eigenen Worten wiederzugeben. Anfangs geht es ganz flüssig. Doch bald unterbricht ihn der Lehrer, um nach Einzelheiten zu fragen. Dass das Matterhorn sich genau auf der Grenze zwischen der Schweiz und Italien befindet, weiß Sven. Dass es von dem Engländer Whymper erstmals erstiegen wurde, fällt ihm auch gerade noch ein. Aber wann das war, daran kann er sich nicht mehr erinnern. Und wie hoch ist das Matterhorn gleich wieder? Dabei hatte er die spannende Geschichte doch mit so viel Aufmerksamkeit gelesen!

Schwierigkeiten, Gelesenes zu behalten

Ist es dir auch schon mal so ergangen? Du liest etwas, das dich sehr interessiert und bist sicher, alles behalten zu können. Später musst du leider feststellen, dass du manches nicht richtig verstanden und vieles wieder vergessen hast.

Versuche es einmal mit der folgenden »5-Gang-Lesetechnik«. Sie wird dir helfen, Texte besser zu erfassen und in deinem Gedächtnis zu verankern.

5-Gang-Lesetechnik

Bevor du mit dem Lesen beginnst, blättere das Buch oder Kapitel kurz durch. Vorwort und Einleitung geben dir oft schon wichtige Hinweise auf Ziel und Inhalt des Textes. Schau dir auch das Inhaltsverzeichnis an. Es ist das Gerüst eines Buches, aus ihm kannst du den Aufbau des gesamten Buches und den Zusammenhang der einzelnen Kapitel untereinander entnehmen. Kapitelüberschriften und Untertitel geben dir noch genauere Information über den Inhalt.

1. Gang: Grob überfliegen

Mit ein bisschen Übung wirst du in Zukunft schon nach diesem einleitenden Schritt erkennen, ob ein Buch oder ein Kapitel auch das enthält, was du suchst.

**2. Gang:
Fragen stellen**

Nun solltest du dich fragen: was weiß ich denn bereits über dieses Gebiet? Was möchte ich noch darüber wissen? Habe ich beim Überfliegen Fremdwörter oder unbekannte Begriffe entdeckt? Wenn das zutrifft, schreibe sie heraus.

**3. Gang:
Gründlich lesen**

Die Schritte eins und zwei waren die Vorbereitung für das eigentliche Lesen. Wenn du den Text nun gründlich liest, versuche, Antworten auf vorher gestellte Fragen zu finden. Bist du beim Lesen auf unverständliche Begriffe gestoßen, schlage sie im Lexikon nach. Achte auf zusätzliche Hinweise, die der Autor dir gibt, z.B. Hervorhebungen, Schautafeln und Bilder. Sie stehen im Zusammenhang zum Text und tragen zu dessen Verständnis bei. Wie viele Pausen du beim Lesen machen musst, hängt von der Länge und der Schwierigkeit des Textes ab.

**4. Gang:
Wichtiges
zusammenfassen**

Nach jedem größeren Leseabschnitt solltest du eine Pause einlegen. Überlege dir, welche Gedanken und Begriffe im Text besonders wichtig waren und welche deiner Fragen beantwortet wurden.
Versuche, das Wichtigste des Textes auf einem Notizzettel festzuhalten. Du könntest auch eine kleine Zusammenfassung schreiben. Wenn du nicht ganz frei sprechen kannst, solltest du zur Übung den Inhalt kurz mündlich vortragen, in deinen eigenen Worten!

**5. Gang:
Abschließend
wiederholen**

Nachdem du den Text abschnittweise durchgearbeitet hast, stellst du den Zusammenhang wieder her. Geh deine Notizen nochmal durch und ergänze sie, falls nötig. Prüfe, ob alle deine Fragen beantwortet wurden und versuche, noch offene Fragen abschließend zu klären.

Auch wenn diese Methode jetzt noch etwas zeitraubend erscheinen mag, so wirst du nach einiger Übung sicherlich merken, wie viel schneller und besser du dir den Lernstoff einprägen kannst.

Durch planvolles Lesen mehr behalten und Zeit sparen

Geschafft! Punkt einkleben! Wenn du willst, kannst du mit der Konzentrationsübung wieder einen Zusatzpunkt verdienen.

Wie gehören die Figuren zusammen?

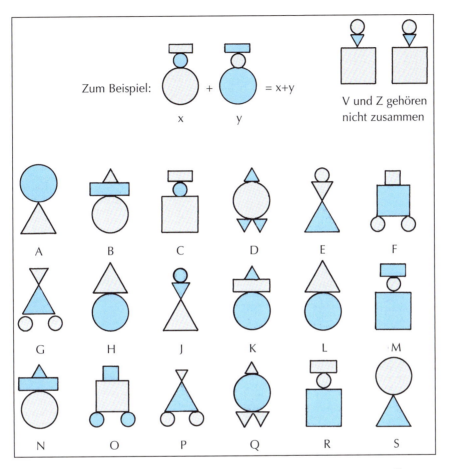

Lösung: A+S, B+K, C+M, D+Q, E+J, F+O

Lesetext mit Kontrollfragen

17. Etappe

Im vorhergehenden Kapitel hast du die 5-Gang-Lesetechnik kennen gelernt. Für heute haben wir ein Textbeispiel vorgesehen, damit du diese Technik gleich ausprobieren kannst. Schau dir erst die Überschrift an und überfliege dann den Text – behalte aber die genaue Überschrift im Hinterkopf (1. Gang).

Anwendung der 5-Gang-Lesetechnik

Der Weg der Kartoffel nach Preußen

Die Kartoffel zählt zu unseren wichtigsten Nutzpflanzen. Ihre Herkunftsländer sind Chile, Peru und Bolivien, wo sie heute noch in vielen wilden Arten vorkommt. Bevor die spanischen Eroberer kamen, verwendeten die südamerikanischen Indianer die Kartoffel bereits seit ungefähr 500 v. Chr. als Nutzpflanze. Um 1560 kam sie dann über Spanien und Irland nach Italien. Dort wurde sie nach einem Speisepilz benannt, dessen Frucht der Kartoffel ähnlich ist und der auch in der Erde heranwächst. Die Knollen dieses Speisepilzes nannte man »tartufoli«. Der deutsche Name Kartoffel ist daraus entstanden.

Die Kartoffel war zunächst eine Zier- und Heilpflanze. Der Teil der Kartoffel, der sich unter der Erde befindet, wurde anfangs gar nicht beachtet. Wegen der häufigen Getreide-Mißernten erzwang der Preußenkönig Friedrich II. in seinem Lande den Anbau von Kartoffeln. Er ließ die Bürger der Städte und die Bauern der Umgebung auf den Marktplätzen versammeln, damit ihnen Soldaten gegen Unterschrift Kartoffeln aushändigen konnten. Zugleich erklärten die Soldaten der Bevölkerung, wie die Knollen angebaut werden sollten und wie man sie zubereiten müsse. Auch versuchten sie, ihre Zuhörer davon zu überzeugen, dass die Kartoffeln durchaus gut schmeckten und man den vielfach herrschenden großen Hunger damit stillen könne.

Die Leute hörten den Soldaten zwar zu, warfen aber, als sie fortgingen, die Kartoffeln größtenteils weg. Etwas Neues wird oftmals erst abgelehnt.

Außerdem hatten die Bauern zuerst die grünen Beeren des Kartoffelkrauts verzehrt. Diese aber sind giftig.

Allmählich jedoch gewöhnte man sich an die neue Frucht aus Amerika. Als in den Jahren 1770/71 die Getreideernte sehr schlecht war, wurde eine Hungersnot befürchtet. Nun war man über die Kartoffel froh; sie setzte sich durch und wurde gerne gegessen.

Seitdem gehört die Kartoffel zu den wichtigsten Nahrungsmitteln überhaupt. Es vergeht kaum ein Tag, an dem wir nicht in irgendeiner Form eine Kartoffelspeise zu uns nehmen: Kartoffelbrei, Röstkartoffeln, Kartoffelchips, Kroketten, Salzkartoffeln, Bratkartoffeln, Kartoffelklöße und natürlich Pommes frites.

Stelle dir jetzt Fragen zum Text (2. Gang). Einige Beispiele sind hier aufgeführt:

1. Worum geht es in diesem Text?
2. Was weiß ich schon über die Kartoffel?
3. Woher kommt sie?
4. Wie wurde sie bei uns zum Nahrungsmittel?

Lies den Text nochmals gründlich durch (3. Gang) und fahre danach mit dem folgenden Absatz fort.

Fasse das Wichtigste aus dem Text im Gedächtnis zusammen (4. Gang) und überprüfe abschließend durch die folgenden Kontrollfragen, ob du das Wesentliche tatsächlich erfasst und behalten hast (5. Gang).

Kontrollfragen zum Text »Der Weg der Kartoffel nach Preußen«

1. Welches sind die Herkunftsländer der Kartoffel?
2. Seit wann verwenden die Indianer Südamerikas die Kartoffel als Nahrungsmittel?
3. Wie ist der Name »Kartoffel« entstanden?
4. Weswegen lehnten die Bauern die neue Frucht aus Amerika zuerst ab?
5. Wie setzte sich die Kartoffel bei uns durch und wer verhalf ihr zum Durchbruch?
6. Zähle einige Kartoffelgerichte auf!

Vergleiche nun deine Antworten mit dem Text und überprüfe sie.

Und vergiss deinen 17. Erfolgspunkt nicht!

Das Lernplakat

18. Etappe

Kennst du die Quälerei mit einigen Vokabeln, die du immer wieder verwechselst, die du schon oft in den Tests falsch geschrieben und anschließend verbessert hast, die dir aber einfach nicht ins Langzeitgedächtnis, das heißt für lange Zeit ins Gedächtnis gelangen wollen?

Was nicht im Gedächtnis bleibt

Wahrscheinlich sind dir diese Wörter nicht häufig genug begegnet, es sind noch keine »alten Bekannten« geworden. Je häufiger man jemanden trifft, desto bekannter und vertrauter wird er uns. Jetzt sollen fremde, schwierige Lernstoffe zu alten Bekannten werden – durch das Lernplakat.

Das Lernplakat ist ein großer Zettel, ein Bogen Packpapier oder ein Stück einer Tapetenrolle. Auf dieses Papier schreibst du mit dickem Filzstift solche Vokabeln, Formeln, Geschichtszahlen oder was dir sonst als schwieriger Paukstoff erscheint. Wenn du noch Lust und Zeit hast, malst du ein Strichmännchen dazu, klebst ein passendes Foto auf oder zeichnest etwas, das dir zu diesem Lernstoff einfällt. Fertig ist dein Lernplakat.

Die Plakatidee – Schwieriger Lernstoff in Kurzfassung auf ein Lernplakat

Jetzt hängst du es an deinem Arbeitsplatz auf, über deinem Bett, neben dem Spiegel oder auf der Toilettentür – von innen allerdings. Kurz, an einer Stelle, an der du dich regelmäßig aufhältst oder die dir oft ins Auge fällt.

Das Lernplakat hängt am rechten Ort

Jedesmal, wenn du das Plakat siehst, wirst du an den Lernstoff erinnert und fragst dich dadurch unwillkürlich wieder ab. So wiederholst du bereits Vergessenes und begegnest den Lerninhalten so oft, dass sie innerhalb von zwei bis drei Wochen zu alten Bekannten werden. Spätestens nach drei Wochen wechselst du das Plakat aus, denn nach dieser Zeit verliert es seine Wirkung; außerdem sollen ja noch weitere Lerninhalte ins Langzeitgedächtnis wandern können.

Nach drei Wochen wechseln

Top-Stars helfen beim Lernen

Du kannst auch deine Top-Star-Plakate zu Lernplakaten umgestalten. Wenn zum Beispiel dein Fußball- oder Filmliebling von dir eine Sprechblase erhält, durch die er dir schwierige mathematische, physikalische oder chemische Formeln zuflüstert oder deine »speziellen« Vokabeln aufsagt, wirst du deutlich spüren, wie wirkungsvoll solche Lernplakate sind. Ganz besonders, wenn bei dir der Lernweg Sehen gut ausgeprägt ist.

Am besten probierst du es aus und malst dir ein Probeplakat. Vielleicht hast du auch weitere und bessere Plakatideen!

Gedächtnistraining durch das Lernplakat

Für heute ist Schluss. Klebe deinen Punkt ein.

Wie man Vokabeln lernt – und sie vergisst

19. Etappe

»Ich habe die Vokabeln doch gelernt! Ehrlich! Gestern habe ich sie alle noch gekonnt!« beteuert Claudia ihrem Französischlehrer, der beim Abfragen feststellt, dass sie eine Reihe von Wörtern nicht weiß. Faule Ausrede?

Heißt vergessen schon Gedächtnisschwäche?

Es ist erschreckend, wie schnell und wie viel man wieder vergisst, obwohl man tatsächlich intensiv gelernt hat. Aber offensichtlich hat Claudia die Vokabeln nicht richtig gelernt.

Zunächst ist es sehr wichtig, an einem Tag nicht zu viele neue Vokabeln lernen zu wollen. Dreißig neue Wörter sind im Normalfall die Obergrenze. Es ist nun aber nicht sinnvoll, diese dreißig Vokabeln an einem Stück zu lernen. Weit wirtschaftlicher ist es, sie in drei Zehnerblöcke aufzuteilen.

Bei wissenschaftlichen Untersuchungen hat man nämlich festgestellt, dass sich Anfangs- und Schlusselemente einer Liste im Gedächtnis besser einprägen als die dazwischen liegenden. Das jeweils erste und letzte Wort jedes Blocks, also bei drei Blöcken insgesamt sechs Wörter, kannst du besser behalten als den Rest. Außerdem läßt sich Eintönigkeit vermeiden, indem du nicht alle dreißig Wörter auf einen Schlag zu lernen versuchst, sondern zwischendurch ein anderes Fach einschiebst. Erinnerst du dich noch an die SM-Formel (Wechsel Schriftlich-Mündlich)?

»Lernermäßigung« durch die »Vokabel-Zehnerkarte«

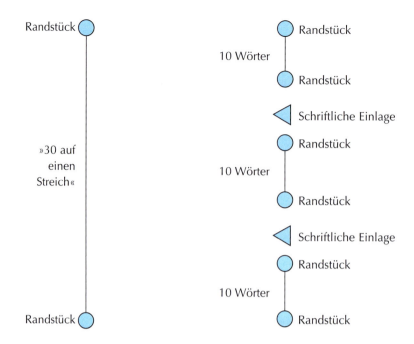

Ein angenehmer Nebeneffekt: Du hast nach jedem Zehnerblock das Gefühl, wieder einen Schritt weitergekommen zu sein.

So weit, so gut: »Jetzt weiß ich zwar, wie ich Vokabeln durch bessere Einteilung schneller lerne, aber deswegen vergesse ich sie trotzdem noch genauso schnell wie früher!«, wirst du wahrscheinlich denken. Wie ist das überhaupt möglich, dass man gut Gelerntes so schnell vergisst?

Wie schnell man wie viel vergisst

Schon vor ungefähr hundert Jahren hat ein berühmter Psychologe festgestellt, dass man Auswendiggelerntes bereits nach wenigen Tagen zu einem großen Teil schon wieder vergessen hat. Nach einer Woche beherrscht man von dreißig gelernten Vokabeln noch zehn bis fünfzehn und nach zwei Wochen bringt man noch ganze zehn zusammen. Das lässt sich ändern!

Jetzt kommt der große Clou, eine Binsenweisheit, die dir schon aus den Ohren quillt, weil Lehrer und Eltern dir das pausenlos predigen: »Ohne ständiges Wiederholen kommst du nie auf einen grünen Zweig ...«

Rechtzeitig regelmäßig wiederholen

Stimmt, aber das Wichtigste fehlt: Zum richtigen Zeitpunkt! – Das ist der Clou.

Sieh dir mal dieses Schaubild an:

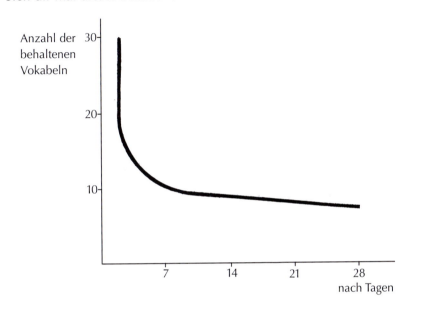

Vergessenskurve

Fällt dir auf, dass die Mehrzahl der Vokabeln bereits in der ersten Woche wieder vergessen wird? Dagegen hilft eben nur rechtzeitiges Wiederholen. Und das heißt hier: möglichst schon nach einigen Tagen. Zum Glück wiederholst du eine ganze Reihe Vokabeln automatisch im Unterricht.

Gerade in den ersten Tagen wird das meiste vergessen

»Aber die restlichen? Soll ich jedes Mal mein Vokabelheft von vorne bis hinten durchgehen? Da werde ich ja nie fertig!«

Stimmt! Und damit du nicht immer wieder auch längst bekannte Vokabeln wiederholen musst, damit du also unnötigen Ballast vermeidest, bauen wir morgen eine Kiste ...

Aber das ist erst morgen dran. Für heute ist das Ziel erreicht. Gratulation zum Etappensieg und nicht vergessen:

> **Vokabeln im Zehnerblock lernen und rechtzeitig wiederholen**

So, jetzt ist noch der Erfolgspunkt fällig!
Oder zwei, wenn du die Konzentrationsübung noch schaffst.

Welche Kreisteile der unteren Hälfte (1–10) gehören zu welchen Kreisteilen der oberen Hälfte (A–K)?

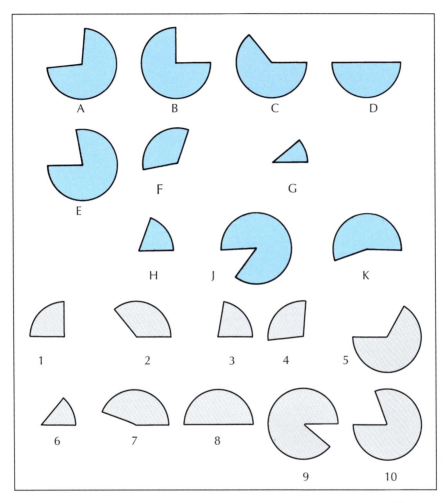

Lösung: A4, B1, C2, D8, E3, F5, G9, H10, J6, K7

Eine Lernkartei als »Vokabelmaschine« — 20. Etappe

Eine Vokabelmaschine? Das wäre zu schön! Aber vielleicht kennst du diese »Lernmaschine« bereits. (Sie entspricht dem Lernkarteisystem von Sebastian Leitner).

Hast du schon eigene Erfahrungen damit sammeln können? Unter Umständen sogar schlechte? – Wie dem auch sei, du solltest dir die Gebrauchsanleitung mal durchlesen.

Doch zunächst zur Bauanleitung. Benutze die eingetragenen Maße als Vorlage, die du auf einen Plakatkarton überträgst.

Die Bauanleitung

Maße auf einen Plakatkarton zeichnen

40 cm

5 cm | 30 cm | 5 cm

1 | 2 | 5 cm | 8 cm | 14 cm

11 cm

5 cm

....	=	an diesen Stellen einschneiden
——————	=	an diesen Stellen nach oben knicken (vorher mit Schere leicht einritzen)
:::::::::::::::	=	auf diesen Linien Trennwände (zur Zelle) einsetzen

Zeichenerklärung genau beachten

81

Trennwände einsetzen

Nun brauchst du noch vier Trennwände:

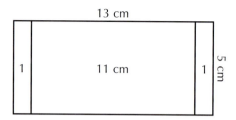

Die Seiten- und Trennwände heftest du am besten mit einem »Klammeraffen« zusammen. Achte beim Einsetzen der Trennwände darauf, dass du als Erstes die Trennwand zur Zelle 2 (also die 2 cm breite Zelle) einbaust, da du sonst den »Klammeraffen« nicht mehr in den Zwischenraum einführen kannst.

Sobald die Kiste fertig ist, erfolgt der nächste Schritt:

Das Bestücken der Lernschachtel

Falte ein DIN-A4-Blatt auf die Hälfte und trenne es im Knick auseinander; wiederhole dies mit den verbleibenden Blättern noch zweimal, so dass du schließlich acht Kärtchen (DIN A7) erhältst. Am besten stellst du gleich eine größere Menge dieser Kärtchen her.

Für jedes Wort und jede Redewendung musst du eine eigene Karteikarte verwenden, wobei du den deutschen Begriff auf die Vorderseite schreibst, den fremdsprachigen auf die Rückseite:

Vorderseiten

Das Beschriften der Kärtchen

| to keep in mind | with the help of | filing card |

Rückseiten

| im Gedächtnis behalten | mithilfe von | Karteikarte |

Erster Lernschritt

Glaube nicht, dass das Beschriften der Kärtchen eine sinnlose Tätigkeit ist. Du musst dich dafür mit dem Lernstoff auseinander setzen, Wörter aufschreiben und so weiter. Dabei lernst du ja bereits.

Wenn du Vokabeln auf die Kärtchen geschrieben hast, dann stecke diese in das erste Fach. Wie es weitergeht, erfährst du morgen.

Vokabelmaschine mit Kärtchen füttern

Endlich kannst du deinen Erfolgspunkt einkleben.

Wie man die Vokabelmaschine bedient

21. Etappe

Gestern hast du bereits einige Kärtchen angefertigt. Beschrifte heute weitere, stecke sie in das erste Fach, bis sich dort ungefähr 20 solcher Vokabelkarten angesammelt haben.

Jetzt nimm die erste Karte heraus, lies den fremdsprachigen Ausdruck und versuche, dich an die deutsche Bedeutung zu erinnern. Gelingt dir dies nicht, so drehst du die Karte um, prägst dir das Wort ein und steckst die Karte dann wieder zurück in Zelle 1, und zwar an die letzte Stelle des Kartenpäckchens, damit es im zweiten Lerndurchgang wieder aufgegriffen werden kann. Verfahre ebenso mit allen anderen Kärtchen, wobei du alle gewussten Vokabeln in die Zelle 2 legst und die nicht gewussten in der Zelle 1 lässt und dies so lange wiederholst, bis auch sie als gelernte in die Zelle 2 wandern können. Bei den folgenden Lektionen verfährst du in gleicher Weise, bis Zelle 2 mit Kärtchen angefüllt ist.

Der Lernvorgang Schritt für Schritt

Von Zelle zu Zelle

Damit du in Zelle 2 für weitere Kärtchen Platz bekommst, entrümpelst du sie nach demselben Muster, das heißt, du versuchst jede Vokabel zu übersetzen (wenn's klappt, kommt das Kärtchen in Zelle 3). Vokabeln, die du schon vergessen hast, wandern wieder zurück in Zelle 1, um dort erneut gelernt zu werden.

Auf dieselbe Weise füllen und leeren sich die Zellen 3 und 4. Wenn du die Zelle 5 aufgefüllt hast und dort wieder Platz benötigst, entnimmst du vorne wieder ein fingerbreites Päckchen und prüfst, was du davon noch weißt. Die Vokabeln, die du jetzt noch weißt, kannst du ohne Bedenken ganz aus der Kartei herausnehmen. Sie sind im Langzeitgedächtnis gespeichert. Die anderen aber gibst du wieder zurück in Zelle 1, und das Spiel beginnt von vorn ...

Vergessenes immer zurück in Zelle 1

Ganz wichtig ist hierfür, dass du erst dann neue Kärtchen beschriftest, wenn ausreichend Platz in Zelle 1 vorhanden ist. Am besten verwendest du die Lernschachtel nur für die Vokabeln, die dir besonders schwer fallen.

Nicht alle Vokabeln in die Schachtel geben

Ein entscheidender Vorteil dieser Methode liegt darin, dass immer nur die Vokabeln wiederholt werden, die tatsächlich noch nicht »sitzen«. So wird die zeitraubende, unnötige Wiederholung vermieden, die in Vokabelheften oder Buchlektionen unumgänglich war, weil dort beim Wiederholen viele längst bekannte Vokabeln als Wortballast mitgeschleppt wurden.

Das Wandern ist der Karten Lust – Vokabellernen ohne Frust

Das klingt jetzt alles ziemlich theoretisch, daher liest du am besten die Beschreibung des Lernvorgangs nochmals langsam durch und vergleichst den Text mit der Zeichnung, auf der die Wanderwege der Vokabelkärtchen dargestellt sind:

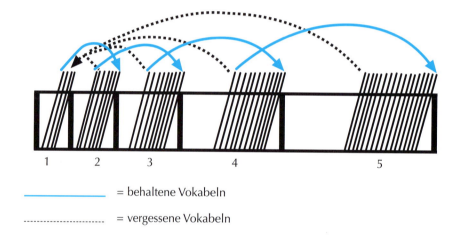

———————— = behaltene Vokabeln

- - - - - - - - - - - - = vergessene Vokabeln

Beim Umstecken der Karten bekommst du einen ausgezeichneten Überblick, wie viele Vokabeln du schon sicher »drauf« hast. Darüber hinaus kannst du dir zum Beispiel vornehmen: »Nun wiederhole ich – drei Vokabeln!« Du greifst blind in eine Zelle, entnimmst drei Karten, und schon ist der Vorsatz ausgeführt. Nach keiner anderen Lernmethode ist ein solches stressfreies und belohnendes Lernen möglich. Es soll sogar schon mal vorgekommen sein, dass bei einer kleinen Fete die Lernschachtel plötzlich für ein Quiz herhalten musste…

Übrigens ist dieses System auch bestens für andere Lerninhalte geeignet, z.B. für Rechtschreibübungen oder das »Große Einmaleins«:

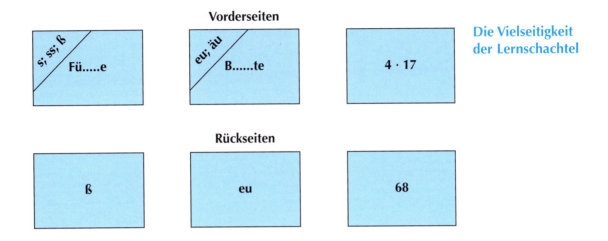

Die Vielseitigkeit der Lernschachtel

Wenn du deinen Stundenplan ansiehst, entdeckst du bestimmt weitere Bereiche, wo du im Stil eines Frage-Antwortspiels die Lernschachtel sinnvoll einsetzen kannst.

Die Vokabelmaschine erspart zeitraubende, unnötige Wiederholungen

Der Erfolgspunkt ist fällig – und dann wandert das Buch für heute zur Seite...

Klassenarbeiten sinnvoll vorbereiten

22. Etappe

Bei Sven zu Hause ist dicke Luft. Morgen soll eine Englischarbeit geschrieben werden. Sven war vor kurzem krank gewesen und hatte vier Tage in der Schule gefehlt. Er wusste zwar genau, wann die Klassenarbeit stattfinden sollte, hatte es aber immer wieder aufgeschoben, den versäumten Lernstoff nachzuholen. Nun sitzt er noch am Abend über den Englischbüchern, murmelt neue Vokabeln vor sich hin, kämpft sich durch neue Grammatikkapitel und versucht, die Erzählung im Lehrbuch zu verstehen und im Kopf zu behalten. Obendrein müsste natürlich alter Stoff wiederholt werden – man weiß ja nie genau, was drankommt. Über vier Stunden arbeitet er nun schon!

Am Tag vor der Klassenarbeit

Heute hat Sven die Englischarbeit geschrieben, für die er gestern vier Stunden gelernt hatte. Während der Arbeit war ihm vieles entfallen, das er erst gestern noch gelesen hatte. Auf dem Nachhauseweg fällt ihm das meiste davon wieder ein. Er ärgert sich nun über sich selbst.

Einige Tage später liest er in dicker, roter Schrift unter der Klassenarbeit »Mangelhaft«. Seine Eltern sind entsetzt: »Du hast doch stundenlang für die Arbeit gepaukt, und jetzt sowas! Mein Gott, Sven!«

Was Sven hier wieder erlebt hat, kannst du vielleicht aus eigener bitterer Erfahrung bestätigen. Ist es dir auch schon mal so ergangen, dass eine Klassenarbeit daneben geriet, die du am Tag zuvor intensiv vorbereitet hattest oder dass du in einer Arbeit, die am Vortag nur mäßig vorbereitet wurde, ein überraschend gutes Ergebnis erzielt hast? Wenn ja, ist die Lösung doch schnell gefunden: Viel vorbereitet = schlechte Arbeit, wenig vorbereitet = bessere Arbeit... So einfach geht die Rechnung leider nicht auf, aber es steckt doch ein richtiger Gedanke dahinter!

Viel vorbereitet = schlechte Arbeit, wenig vorbereitet = bessere Arbeit...?

Sehen wir uns hierzu wieder ein Schaubild an, das vor allem für 13- bis 14-Jährige zutrifft:

Wie viel man an einem Tag lernen kann

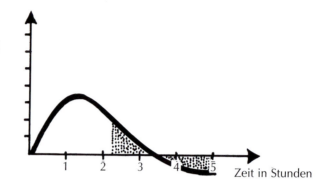

Mit zunehmender Zeit wird immer weniger Lernstoff aufgenommen

Man kann erkennen, dass in den ersten zwei bis zweieinhalb Stunden eine beachtliche Lernmenge aufgenommen wird. Aber mit zunehmender Zeit kann immer weniger neuer Lernstoff gespeichert werden. Nach dreieinhalb Stunden ist der Nullpunkt erreicht, das heißt, jetzt wird nichts Neues mehr aufgenommen, im Gehirn verarbeitet oder gar im Gedächtnis gespeichert.

Wenn wir die Lernmenge mit Wasser und unser Gehirn mit einem Schwamm vergleichen, könnten wir sagen, der Schwamm ist tropfnass, er nimmt jetzt kein Wasser mehr auf. Nun steht da jemand mit einer Gießkanne und will unbedingt das restliche Wasser im Schwamm unterbringen. Und gießt und gießt ...

Nach dem Nullpunkt ist Weiterlernen reine Zeitverschwendung

Was bedeuten denn die schwarz gepunkteten Abschnitte? Nichts Gutes. Sie zeigen nämlich die Verluste, die auftreten, wenn man zu lange lernt. Unsere Leistungsfähigkeit ist nach dreieinhalb Stunden reiner Arbeitszeit auf dem Nullpunkt. Alles, was man danach noch lernen will, behält man nicht mehr richtig. Also ist Weiterlernen dann überflüssig, reine Zeitverschwendung. Es kommt aber noch schlimmer: Nicht nur, dass man nichts Neues mehr aufnimmt: schlimmer ist, dass bereits beherrschter Lernstoff durch die Menge des neuen Lernstoffs, durch ein »Überlernen«, wieder verdrängt wird. Das heißt, unser Schüler, dessen Lernmenge im Schaubild gezeigt ist, steht nach fünf Stunden Lernzeit wieder an dem Punkt, den er bereits nach zweieinhalb Stunden erreicht hatte.

Das klingt ziemlich abstrakt; am besten noch ein Vergleich:

Stelle dir einen vollbesetzten Schulbus vor. Jetzt kommt dieser an die nächste Haltestelle, vordere und hintere Tür werden geöffnet. Vorne drängen neue Schüler hinein. Weil der Bus aber vollbesetzt ist, können »Neue« nur nachrücken, wenn »Alte« aussteigen oder herausgedrängt werden. Vergleiche in diesem Beispiel den Bus mit dem Gehirn und die Schüler mit den neuen Vokabeln und Grammatikregeln.

Beim Lernen merkt man gar nicht, wie viel »Altes« wieder hinausgedrängt wird, wie die Konzentration nachlässt und sich dadurch Fehler einschleichen – meist Flüchtigkeitsfehler. Man wird derart verwirrt, dass man nach stundenlangem Lernen zwar einen dicken Kopf hat, aber nur einen mageren Lernerfolg – manchmal weiß man hinterher sogar weniger als vorher.

Jetzt freust du dich bestimmt, dass du deiner Mutter oder deinem Vater schwarz auf weiß zeigen kannst, dass man weniger lernen soll.

Doch Moment mal, bitte weiterlesen! Unsinnig ist ja nur, zu viel auf einmal zu lernen. Wird in der Klassenarbeit ein umfangreiches Stoffgebiet behandelt, muss auch viel dafür gelernt werden. Das ist aber nur möglich, wenn man damit rechtzeitig beginnt. Denn auch geistige Nahrung muss verdaut werden. Heiß verschlungene Riesenportionen liegen schwer im Magen, es gibt Blähungen, Völlegefühl und Unwohlsein …

Zu viel auf einmal ist unsinnig

Deshalb solltest du am Tag vor der Klassenarbeit keinerlei neuen Stoff in diesem Fach mehr anrühren. Beschränke dich vielmehr auf Wiederholung und zwar in Form eines lockeren Überfliegens.

Das kannst du dir natürlich nur leisten, wenn du an den vorausgegangenen Tagen für die Arbeit gelernt hast. Dann ist der Lernstoff nämlich »gefressen«, hat sich gesetzt und ist verdaut. So kannst du dir übrigens erklären, warum du bei einer weniger gut vorbereiteten Arbeit besser abgeschnitten hast: Du musstest verdaute Erinnerungen hervorholen, die nicht von frischem, unverdautem Ballast überlagert waren.

Lernstoff muss sich in Ruhe setzen können

Allzu viel ist ungesund – auch beim Lernen

Also dann, Schluss für heute – 22. Stufe bekleben!

Tempomotivation – Training auf Zeit

23. Etappe

»So, jetzt kommt langsam zum Ende, in fünf Minuten müsst ihr abgeben.« Der gefürchtete Satz am Ende jeder Klassenarbeit! Sven gerät völlig durcheinander: »Was, nur noch fünf Minuten?«, schießt es ihm durch den Kopf. »Und ich muss noch drei Aufgaben rechnen, das schaffe ich nie. Jetzt hatte ich mich so gut vorbereitet, und alles umsonst …« Das hast du bestimmt auch schon mal erlebt. Zwar hättest du die Aufgaben der Arbeit lösen können, aber die Zeit war einfach zu kurz. Ja, der Lehrer legt die Zeit fest, daran kannst du ganz selten etwas ändern. Aber du kannst lernen, dich darauf einzustellen, du kannst dein Zeitgefühl entwickeln und trainieren. Ein erster Schritt hierzu ist eine Uhr mit Wecker als Lernhilfe.

Zeitdruck bei Klassenarbeiten

Zeitgefühl entwickeln

Du solltest dir angewöhnen, Aufgaben grundsätzlich innerhalb einer bestimmten Zeit zu erledigen. Natürlich darfst du die Zeiten nicht frei erfinden, das wäre eine sinnlose Übung. Mal wären sie viel zu lang, mal zu kurz bemessen.

Nein, frage deine Lehrer. Gehe nach der Unterrichtsstunde hin und erkundige dich, z.B. so: »Ich möchte einmal ausprobieren, ob ich meine Arbeitszeit richtig einteile. Sagen Sie mir bitte, wie viel Zeit darf ich für die Erledigung der Hausaufgaben brauchen, die Sie uns eben aufgegeben haben?«

Vom Lehrer die Richtzeit geben lassen

Vielleicht ist der Lehrer überrascht und kann auf Anhieb gar keine genaue Zeit nennen. Trotzdem solltest du auf eine konkrete Antwort warten. Der Lehrer weiß bei Klassenarbeiten ja auch, wie viel Zeit welche Aufgaben benötigen. Über eure Hausaufgaben sollte er sich ebenfalls Gedanken machen.

Nehmen wir an, er antwortet: »Für die Grammatik-Einsetzübung solltest du nicht mehr als fünfundzwanzig Minuten brauchen.« Dann nimmst du eben diese fünfundzwanzig Minuten als Richtzeit und stellst diese zu Hause auf einem Wecker ein: Wenn du um 15 Uhr mit dieser Aufgabe

Richtzeit einstellen

Zweimal pro Woche trainieren

anfängst, so klingelt es um 15.25 Uhr, und du weißt, ob du in der vorgegebenen Zeit dein Ziel erreicht hast oder ob du noch trainieren musst. Diese Übung solltest du zweimal pro Woche einbauen, denn du brauchst dieses Training, um in Klassenarbeiten dem Zeitdruck besser gewachsen zu sein. Dies gilt vor allem für Problemfächer. Im Wettstreit gegen die Uhr entwickelt und trainiert man das erforderliche Zeitgefühl und erlebt einen erstaunlichen Arbeitsansporn, der einem hilft, in der vorgegebenen Zeit fertig zu werden. Tempomotivation nennt man das.

Tempomotivation

Viele Schüler haben uns übrigens eine äußerst erfreuliche Nebenwirkung dieser Arbeitsmethode berichtet: Bei manchen Lehrern, die zu viele Hausaufgaben aufgegeben hatten, wurde durch regelmäßiges Fragen nach der Richtzeit eine Art »Einsicht« bewirkt: der Aufgabenberg schrumpfte.

Hin und wieder mit dem Wecker trainieren

Für heute hat's geklingelt. Punkt aufdrücken und beiseite legen – natürlich nur das Buch …

Ein Wochenplan für mittelfristige Lernplanung

24. Etappe

»Rechtzeitig mit dem Lernen aufhören!« lautete die gute Nachricht der vorletzten Etappe.

Um die Vorzüge dieses einfachen, aber äußerst wirksamen Grundsatzes voll ausschöpfen zu können, muss leider schon wieder ein Plan her. Diesmal einer für mittelfristige Planung, das heißt für etwa eine Woche.

In einen solchen Wochenplan trägst du als erstes deine Freizeittermine – Schwimmclub, Tischtennisverein, Klavierunterricht, Nachmittagsunterricht, Rasenmähen, Friseur – ein. Jetzt siehst du, wie viel Zeit für unprogrammierte, nicht verplante Freizeit (auch sehr wichtig!) und wie viel für Hausaufgaben bleibt.

Freizeittermine eintragen

Angenommen, am Freitag soll eine Klassenarbeit in Englisch geschrieben werden. Am Montag ist schon keine Zeit mehr für die Vorbereitung, am Dienstag dagegen wäre noch Platz für eine halbstündige Wiederholung der Vokabeln und am Mittwoch geht es dann an die Wiederholung der Grammatik und der Einsetzübungen, so dass in unserem Wochenplan der Mittwoch von 15.30 Uhr bis etwa 16.30 Uhr damit ausgefüllt wird.

Klassenarbeitsvorbereitung einplanen

Damit wird der sowieso schon arbeitsreiche Donnerstagnachmittag für die Klassenarbeitsvorbereitung wegfallen. Am günstigsten wäre eine knappe Gesamtwiederholung, die aufgrund der abgeschlossenen Vorarbeiten nicht länger als eine halbe Stunde dauern darf.

Des Weiteren kann die Deutsch-Hausarbeit angefangen werden – auch wenn sie erst in acht Tagen abgegeben werden muss. So könnten hierfür am Mittwoch Gliederung und Einleitung fertig gestellt werden.

Für den Friseur ist am Dienstag, Mittwoch oder Donnerstag Gelegenheit. Am besten gehst du kurz nach dem Mittagessen hin – du musst dann wahrscheinlich kaum warten und hast die Ruhezeit nach dem Essen gut ausgenutzt.

Wochenplan zu Beginn der Woche erstellen

Damit ist nun die Arbeit ziemlich ausgeglichen über die Woche verteilt. Freizeitpläne geraten nicht in Gefahr. Du solltest dir fest angewöhnen, einen derartigen Wochenplan gleich zu Beginn der Woche aufzustellen. Die Vorteile liegen klar auf der Hand.

Zeit	Montag	Dienstag	Mittwoch	Donnerst.	Freitag	Samstag
14.00	Tisch-tennisclub	Hausaufgaben	Schulsport	Friseur		Radtour
15.00	Hausaufgaben		Englisch Gramm.	Hausaufgaben	Hausaufgaben	
16.00				Englisch überflieg.		
17.00		Engl.-Vok.	Hausaufgaben			
18.00	Schwimmen	Hausaufgaben		Klavier	Rasenmähen	
19.00			Englisch übersetz.	Einkaufen		
20.00						

▨ = Verpflichtungen, die nur teilweise Freizeitcharakter haben

■ = eingeplante Freizeitunternehmungen

▨ = unverplante Freizeit

☐ = Hausaufgabenfeld. Sind Klassenarbeiten vorzubereiten, werden Lerninhalte einzeln eingetragen. Hier: Englisch-Vokabeln, Englisch-Übersetzung, Englisch-Grammatik, Englisch überfliegen.

Wochenende nicht fürs Lernen einplanen

Das Wochenende sollte nicht fürs Lernen eingeplant werden: Es ist die Reservezeit für den Notfall. Natürlich darfst du nicht zum Sklaven deines Wochenplanes werden – kurzfristige Änderungen sollten immer möglich sein. Aber zum Eintrainieren müsste er schon für ein bis zwei Wochen verbindlich eingehalten werden.

Wochenplan verbindlich einhalten

Auch für heute ist ein Erfolgspunkt eingeplant.

Prüfungsangst und Denkblockaden

25. Etappe

Heute wartet auf Sven eine Klassenarbeit. Er sitzt am Frühstückstisch und kaut an einem Brötchen herum, als wäre es mit Dornen bespickt:

»Ich kriege nichts hinunter!« »Du musst doch was essen, du kannst doch nicht hungrig zur Schule gehen!«

»Aber ich habe so ein komisches Gefühl im Magen …«

Dieses Gefühl entsteht häufig, wenn man vor Prüfungen oder Klassenarbeiten steht. Die Ursache ist Angst.

Mit der Prüfungsangst leben

Was kann man dagegen unternehmen? Nun, zunächst solltest du lernen, mit der Prüfungsangst zu leben. Gute Leistungen lassen sich nämlich gerade mit einem mäßigen Grad an Prüfungsangst erzielen, d.h. es ist gut, weder vollkommen gleichgültig, noch angstzitternd in die Klassenarbeit zu gehen.

Prüfungsangst blockiert das Denken

Übermäßige Prüfungsangst jedoch behindert die Arbeit und blockiert dein Denken. Du gerätst an eine Aufgabe, deren Lösungsweg du nicht erkennst, und der Lehrer gibt dir den Hinweis, dass noch zehn Minuten Zeit zur Verfügung stehen. Plötzlich ist in deinem Gehirn alles wie weggewischt, obwohl du zwei Minuten vorher noch ganz genau wusstest, wie diese Aufgabe geht. Du wirst ungeduldig, überlegst fieberhaft, aber es fällt dir einfach nicht ein! Wie ist so etwas überhaupt möglich?

Stresshormone durch Angstgefühl

Man spricht hier von einer Denkblockade, jenem »Brett vor dem Kopf«, das einen bei Klassenarbeiten und in Prüfungen so oft den Durchblick nimmt. Je mehr man sich bemüht, es wegzureißen, um so stabiler und hartnäckiger scheint es zu werden. Und das geht so: Durch Angstgefühle werden vom Zwischenhirn Alarmsignale über bestimmte Nerven an die Nebenniere gesendet. Von ihr werden dann sogenannte Stresshormone in den Kreislauf ausgeschüttet. Die Folgen sind Herzklopfen, höherer Blutdruck, es wird einem plötzlich warm und kalt, kurz, dein Körper ist mit einem Mal auf Höchstleistung eingestellt.

Stresshormone blockieren den Gedankenfluss

Die Stresshormone in deinem Blut schieben eine Art Film zwischen die Gehirnzellen und blockieren das Denken. Hierzu musst du dir vorstellen, dass deine Gedanken und Überlegungen wie ein elektrischer Strom von Gehirnzelle zu Gehirnzelle fließen, bis sie plötzlich an diesen Film stoßen und nicht mehr weiter können – jetzt ist der Stromkreis, der Gedankenfluss, unterbrochen, blockiert: Eine Denkblockade!

Ist die Prüfung vorbei, lässt der Stressreiz also nach, werden die Stresshormone schnell wieder abgebaut, der Film verschwindet, die Gedanken fließen wieder ungehindert, plötzlich fällt einem alles wieder ein …

Tests und Zensuren sind nicht alles im Leben

Diese Stressreaktion lässt sich also nicht bewusst steuern. Deshalb ist es wichtig, die Prüfungssituation zu entschärfen, damit möglichst wenig Prüfungsstress aufkommt. Das ist leichter gesagt als getan, zumal hier in erster Linie Schulbehörden, Lehrer und Eltern den Hauptanteil leisten müssen, indem sie den Prüfungen den Charakter weltbewegender Ereignisse nehmen. Über deine Zukunft und dein Lebensglück entscheiden nämlich wichtigere Dinge als Klassenarbeiten und Zensuren!

Prüfungsangst nicht verdrängen

Aber unabhängig davon kannst du selbst eine ganze Menge dazu beitragen, deine Prüfungsangst zu verringern, wie du in den nächsten Etappen sehen wirst. Es hat nämlich keinen Zweck, die Prüfungsangst aus dem Bewusstsein zu verdrängen, dadurch wird sie nicht beseitigt.

Zensuren nicht überbewerten

Für heute ist der Erfolgspunkt wieder verdient.

Die Übung auf der nächsten Seite bringt noch einen Zusatzpunkt.

Verdopple die Summe der Zahlen in den Halbkreisen und dividiere diese durch die Summe der Zahlen in den Ellipsen.

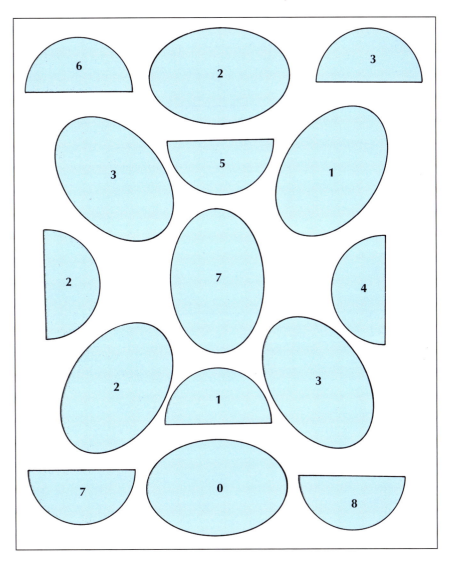

Lösung: vier

Vor und während der Klassenarbeit

26. Etappe

Lass dich unmittelbar vor einer Klassenarbeit oder einem Test nicht mehr auf Diskussionen mit deinen Mitschülern ein; es gibt nämlich immer welche, die meinen, kurz vor der Klassenarbeit anderen ihr Wissen aufdrängen zu müssen.

Wenn die Prüfungsaufgaben verteilt sind, dann beobachte nicht deine Klassenkameraden, sondern versuche, dich auf dich selbst zu konzentrieren. Oft hilft ein kleines Selbstgespräch in Gedanken, um dich zu beruhigen. Du kannst dir zum Beispiel sagen: »Ich habe mich, so gut es ging, vorbereitet, also werde ich es auch schaffen!«

Einstellen auf die Prüfung

Lies die Aufgaben erst zwei- bis dreimal durch. Erscheint dir dabei eine davon unklar, frage deinen Lehrer. Scheue dich nicht davor: Auch wenn deine Mitschüler vielleicht wegen deiner »dummen« Frage grinsen. Wahrscheinlich ist mancher froh, dass du gefragt hast, weil ihm selbst der Mut dazu gefehlt hat. Durch sein albernes Grinsen meint er, »cooler« zu sein. Dabei hat er vielleicht mehr Angst als du. Merke dir, dass es im Grunde keine dumme Frage gibt. Und wer Kameraden wegen sogenannter dummer Fragen auslacht, ist eigentlich ein armes Würstchen: Er verhält sich unfair und ist obendrein noch feige.

Natürlich sollst du nicht unentwegt fragen. Um aber die Aufgabenstellung immer im Auge zu behalten, musst du dir selbst ständig Fragen stellen: Was ist hier gesucht? Habe ich die Aufgabe verstanden? Muss ich noch ein Wort oder einen Begriff klären? Habe ich noch den nötigen Überblick? Wenn dir eine Aufgabe unklar bleibt, lies die Aufgabenstellung noch einmal Wort für Wort durch und achte darauf, ob du beim ersten Durchlesen ein Wort vielleicht völlig anders aufgefasst hast. Wenn du nicht weißt, was überhaupt gefragt ist, kannst du auch keine vernünftige Antwort geben.

Aufgabenstellung im Auge behalten

Worte und Begriffe klären

Als nächstes ist es wichtig, dass du dir die Prüfungszeit einteilst. Hast du dir einen Überblick verschafft, so lege die Reihenfolge fest, in welcher du die Aufgaben bearbeiten willst.

Einteilung der Prüfungsaufgaben

Diese Reihenfolge hängt davon ab, welchen Schwierigkeitsgrad die Aufgaben haben und wie viel Zeit sie benötigen. Lass dich nicht durch die erste Unkenntnis erschrecken. Suche dir die Aufgabe aus, mit der du beginnen willst. Gib nicht gleich auf, wenn du nicht weiterkommst. Wenn du mit jeder Aufgabe anfängst und sie gleich wieder beiseite legst, um dir die nächste vorzunehmen, kannst du dich in eine regelrechte Prüfungspanik hineinsteigern.

Versuche, nach Klärung aller Worte und Begriffe den Lösungsweg zu entwickeln. Du wirst sehen, oft fällt dir wieder ein, was zunächst unbekannt schien.

Schwer lösbare Aufgaben zurückstellen

Begehe andererseits nicht den Fehler, dich an Aufgaben festzubeißen, die du nicht lösen kannst. Du würdest zu viel Zeit verlieren. Wenn dir die Aufgabenstellung klar ist, du aber im Augenblick beim besten Willen nichts dazu weißt, dann übergehe die Aufgabe, lass eine Lücke, an der du am Schluss, wenn noch Zeit hierfür bleibt, weiterarbeiten kannst.

Entspannungspausen einlegen

Fällt dir zu einer Frage sehr viel ein, dann vergeude aber auch nicht allzu viel Zeit damit. Schreibe nur das Wesentliche nieder.

Bei einer längeren schriftlichen Arbeit solltest du dir zwischendurch immer wieder eine kurze Pause gönnen. Vor allem dann, wenn dir nichts mehr einfällt: Leg den Stift aus der Hand und entspanne dich kurz. Versuche, tief durchzuatmen. Du wirst sehen, dass es danach schon etwas besser geht. Vor allem verhinderst du auf diese Weise, dass deine Prüfungsanspannung dich verkrampft und du dich an etwas festbeißt und nur wertvolle Zeit vergeudest. Gerade wenn du unter Zeitdruck stehst, ist die Entspannungspause besonders wichtig. Nach jeder Aufgabe abschalten, kurz entspannen (etwa eine Minute lang) und wieder mit neuer Spannung an die nächste!

Frage dich stets, was gefragt ist

Nun hast du eine Entspannungspause verdient. Klebe aber vorher einen Punkt ein.

Stressfaktor Spickzettel

27. Etappe

Wer sich beobachtet fühlt, verliert Zeit und Ruhe

»Wenn mir der Lehrer bei der Klassenarbeit über die Schulter sieht, fällt mir nichts mehr ein und ich warte nur darauf, dass er weitergeht. So verliere ich kostbare Arbeitszeit.« Vielleicht kannst du Claudias Belastung nachempfinden. Macht euer Lehrer das auch? Dann solltet ihr einmal mit ihm darüber sprechen. Den meisten Lehrern ist nämlich gar nicht bewusst, wie sehr sie durch dieses »Auf-die-Finger-Schauen« ein zügiges Arbeiten verhindern. Böse Absicht steckt fast nie hinter dieser Lehrerangewohnheit.

Etwas anders ist es natürlich, wenn du dich wegen deines Spickzettels ständig in einer außergewöhnlichen Stresssituation befindest. Diese Belastung steht meistens nicht in einem besonders günstigen Verhältnis zum Ergebnis. Allzu oft hilft der unter größten Strapazen eingesetzte Spickzettel gar nicht wirkungsvoll weiter, statt dessen ist kostbare Zeit verloren.

Anfertigen brauchbarer Spickzettel als Prüfungsvorbereitung

Natürlich kann mit etwas Glück ein Spickzettel weiterhelfen. Aber das Anfertigen eines brauchbaren Spickzettels will gelernt sein! In Kurzfassung das Wesentliche zusammenzufassen, ist dabei die wichtigste Voraussetzung. Wer dies als Teil seiner Klassenarbeitsvorbereitung versteht, sollte einen solchen Spickzettel durchaus erstellen. Mit Rücksicht auf die außergewöhnliche Belastung muss man ihn allerdings gar nicht unbedingt bei der Arbeit einsetzen. Es kommt nämlich vor, dass man mit seinen Gedanken dauernd um diesen Spickzettel kreist, und wenn man ihn dann endlich einsetzen kann, merkt man, wie nutzlos er bei dieser Aufgabe ist.

Nicht nur aus moralischen Gründen, sondern vor allem aus Vernunftgründen sollte man sich von einer solchen Arbeitshilfe unabhängig machen. Viel sinnvoller wäre es, sein Training für Klassenarbeiten so zu gestalten, dass man Aufgaben allein und selbstständig lösen kann.

Selbstständigkeit trainieren – auch bei Hausaufgaben

Wer aber bei den Hausaufgaben ständig beaufsichtigt wird, hat es schwer, selbstständiges Arbeiten zu lernen. Deshalb solltest du öfter einmal »Prüfung üben«. Du weißt ja, dies fängt bei einer richtigen Testvorbereitung an; du erstellst einen Wochenplan, teilst ihn in geeignete Portionen ein, hörst rechtzeitig mit dem Lernen auf, trainierst bei einigen Aufgaben auf Zeit und baust verschiedene Konzentrationsübungen ein.

Prüfungen kann man üben

Genug für heute – Punkt einkleben nicht vergessen.

Die Fehlerstrichliste

28. Etappe

»Aus Schaden wird man klug« – leider hat der Volksmund da nicht ganz recht, zumindest was Fehler in einer Klassenarbeit angeht.

Aus Fehlern lernen

Ohne über diese Fehler nachzudenken, schreiben Schülerinnen und Schüler brav ab, was die Lehrerin oder der Lehrer an die Tafel gemalt hat. Oder man schreibt gleich von einem besseren Mitschüler ab. Kaum jemand sieht in der Nachbereitung einer Klassenarbeit mehr als eine lästige Pflicht, die ausschließlich deshalb erfüllt wird, weil der Lehrer es verlangt. Schade. Denn aus deinen Fehlern, die ja in Klassenarbeiten mit roter Farbe so deutlich gemacht werden wie nirgends sonst, kannst du viel herausholen – fürs nächste Mal.

Fehlerstrichliste anlegen

Nicht selten macht man genau den gleichen oder ähnlichen Fehler immer wieder. Genau da wollen wir nun einhaken. Solche systematischen Fehler kann man gründlich beseitigen – nicht von heute auf morgen, das dauert schon einige Wochen. Aber keine Sorge: Viel Arbeit macht das nicht. Du legst dir eine Fehlerstrichliste an, zunächst nur für dein Problemfach. Durch eine solche Fehlerstrichliste lassen sich die schwachen Stellen genau ermitteln, man kann gezielt nachbohren und ausbessern. Je länger man eine solche Untersuchung vor sich herschiebt, um so schwieriger und schmerzhafter werden die faulen Stellen. Für den ersten Durchgang kannst du wahrscheinlich eine der Fehlerstrichlisten auf den folgenden Seiten benutzen, für weitere musst du dir eigene Listen, unseren Beispielen entsprechend, anlegen.

Damit du nun siehst, wie eine Fehlerstrichliste geführt wird, haben wir die von Sven, 6. Klasse Mathematik, abgebildet:

Fehlerart	Klassenarbeiten				
	1.	2.	3.	4.	5.
Grundrechenarten					
Addition			I		
Subtraktion					
Multiplikation	I				
Division			I	I	I
Rechnen mit Vorzeichen	III	II	III	I	
Multiplikation von Summen					
Auflösen von Klammern	I	II	I	I	I

Fehler eintragen — In der ersten Klassenarbeit hatte Sven einmal falsch multipliziert, drei Fehler beim Rechnen mit Vorzeichen gemacht und einen weiteren beim Auflösen von Klammern. Entsprechend hat er diese Fehler in die Strichliste eingetragen. Genauso ist er dann bei den anderen Klassenarbeiten vorgegangen.

Fehlerquellen gezielt ausschalten — Die größte Fehlerhäufung in den ersten drei Arbeiten ergibt sich ganz klar in der Spalte »Rechnen mit Vorzeichen«. Vor der vierten Klassenarbeit hat Sven sich endlich einmal hingesetzt und den Stoff im Lehrbuch gründlich wiederholt. Das Ergebnis kann sich sehen lassen: Von da an ist diese Fehlerquelle so gut wie versiegt.

Strichliste regelmäßig auswerten — Nun müsste er sich mit dem Auflösen von Klammern näher beschäftigen, denn da liegen offenbar ebenfalls Lücken vor. Auch in Sachen Dividieren sollte er besser rechtzeitig etwas unternehmen – vielleicht hat sich nur eine einfache Grundregel falsch im Kopf festgesetzt.

So einfach geht das und ist doch höchst wirkungsvoll! Wenn du unsicher bist, in welche Spalte ein Fehler einzutragen ist, gibt es die Möglichkeit, den Fachlehrer zu fragen. Wenn in deiner Klasse Gebiete behandelt werden, die durch die Fehlerstrichlisten auf den folgenden Seiten nicht abgedeckt sind, hilft dir dein Fachlehrer sicherlich beim Aufstellen einer Liste, die speziell auf deine systematischen Fehler und auf deine Klassenstufe zugeschnitten ist.

Die nun folgenden Fehlerstatistiken sind als Beispiele anzusehen, die ein weites Feld von Fehlerquellen im jeweiligen Fach abstecken. Du kannst sie nach deinen Erfordernissen abändern.

Führe regelmäßig Fehlerstrichlisten

Erfolgspunkt nicht vergessen!

Fehlerart	Klassenarbeiten und besprochene, d.h. berichtigte Hausaufgaben				
	1.	2.	3.	4.	5.
Mathematik 1					
Grundrechenarten					
Addition					
Subtraktion					
Multiplikation					
Division					
Verbindung der Grundrechenarten					
Rechnen mit Klammern					
Zahlen und Teilbarkeit					
Größter gemeinsamer Teiler					
Kleinstes gemeinsames Vielfaches					
Mengenlehre					
Mengenschreibweise					
Teilmengen					
Vereinigungsmenge					
Schnittmenge					
Restmenge					
Bruchrechnung					
Erweitern und Kürzen					
Multiplikation von Brüchen					
Addition und Subtraktion von Brüchen					
Division von Brüchen					
Abbrechende Systembrüche					
Nichtabbrechende Systembrüche					

Fehlerart	Klassenarbeiten und besprochene, d.h. berichtigte Hausaufgaben				
	1.	2.	3.	4.	5.
Mathematik 2					
Proportionale Zuordnungen					
Antiproportionale Zuordnungen					
Prozentrechnung					
Zinsrechnung					
Algebra					
Negative Zahlen					
Aussagen, Aussageformen					
Gleichungen mit einer Variablen					
Ungleichungen mit einer Variablen					
Termumformungen					
Addition und Subtraktion von Summen					
Multiplikation und Division von Summen					
Faktorisieren					
Binomische Formeln					
Bruchgleichungen					
Bruchungleichungen					
Gleichungen mit zwei Variablen					
Systeme von linearen Gleichungen mit mehreren Variablen					
Quadratwurzeln					
Quadratische Gleichungen					
Potenzrechnung					
Exponentialfunktion					
Logarithmen					

Fehlerart	Klassenarbeiten und besprochene, d.h. berichtigte Hausaufgaben				
	1.	2.	3.	4.	5.
Mathematik 3					
Geometrie					
Konstruktion von Parallelen und Loten					
Halbieren von Strecken und Winkeln					
Winkelmaß					
Achsenspiegelungen					
Punktspiegelungen					
Schiebungen					
Drehungen					
Kongruenzsätze					
Dreieckskonstruktionen					
Besondere Dreieckslinien					
Thaleskreis					
Besondere Vierecke					
Einfache Flächenberechnung bei Dreiecken und Vierecken					
Kreislehre					
Satzgruppe des Pythagoras					
Strahlensätze					
Ähnlichkeitsabbildungen					
Scherungen					
Kreisberechnung (Inhalt und Umfang)					
Berechnung regelmäßiger Vielecke					
Körperberechnung (Oberfläche und Volumen)					
Winkelfunktionen					

Fehlerart	Klassenarbeiten und besprochene, d.h. berichtigte Hausaufgaben				
	1.	2.	3.	4.	5.
Englisch					
Rechtschreibfehler					
Vokabelfehler					
Wort nicht gewusst					
Falscher Ausdruck (Idiomatik)					
Falsche Präposition					
Formenlehre					
Zeitbildungsfehler					
Adverbialbildung					
Steigerung					
Satzlehre					
Wortstellung (SPO und Ort vor Zeit)					
Stellung des Adverbs und adverb. Bestimmung					
Zeitengebrauch					
Continuous/simple form					
Verwechslung present perfect und past tense					
Verwechslung present perfect und present tense					
Gerund/Infinitive					
Fehler in der Zeitenfolge					
Reported Speech					
If-Sätze					
Fragebildung					
Verneinung					
Relativsätze					

Fehlerart	Klassenarbeiten und besprochene, d.h. berichtigte Hausaufgaben				
	1.	2.	3.	4.	5.
Französisch					
Rechtschreibfehler					
Vokabelfehler					
Wort nicht gewusst					
Verwechslung Maskulinum/Femininum					
Falscher Ausdruck					
Falsche Präposition					
Formenlehre					
Zeitbildungsfehler					
Wortbildungsfehler (z.B. Pluralbildung)					
Syntax					
Wortstellung					
Fragebildung					
Verneinung					
Angleichung des Partizip					
Pronomen					
Infinitiv als Verbergänzung (ohne Präp., de, à)					
Direktes/indirektes Objekt					
Zeitenfolge					
Verwechslung passé comp./imparfait					
Verwechslung passé simple/imparfait					
subjonctif					
gérondif					

Fehlerart	Klassenarbeiten und besprochene, d.h. berichtigte Hausaufgaben				
	1.	2.	3.	4.	5.
Latein					
Vokabelfehler					
Formenlehre					
1. Deklinationen (mit Adjektiven)					
2. Konjugation (mit Deponentien)					
3. Verba anomala (esse, posse, ferre, velle, ire etc.)					
4. Infinitive					
5. Partizipien					
6. Pronomina					
7. Adverbien					
Satzlehre					
1. Präpositionen					
2. Kasuslehre					
a) Genitiv b) Dativ c) Akkusativ d) Ablativ					
3. ACI					
4. NCI					
5. Relativer Satzanschluss					
6. Participium coniunctum					
7. Ablativus absolutus					
8. Gerundium/Gerundivum					
9. Consecutio temporum					
10. Konjunktiv in a) Hauptsätzen					
b) Nebensätzen					
11. Konjunktionen					

Konzentration und Aufmerksamkeit

29. Etappe

»Wenn ich mich doch nur konzentrieren könnte«, jammert Claudia. Kaum hat sie mit einer Aufgabe angefangen, gehen ihr schon wieder -zig andere Dinge durch den Kopf: Sie wird dauernd abgelenkt.

Was heißt Konzentration eigentlich? Konzentration ist die Fähigkeit, »sich auf eine Mitte hin sammeln« zu können, sich ganz und gar mit einer Sache oder einem Gedanken zu beschäftigen. Das ist in den meisten Fällen sehr, sehr schwierig. Denn die Aufmerksamkeit wendet sich mal hierhin, mal dorthin. Und je weniger dich ein Lernstoff anspricht, je weniger er dich fesselt, desto weniger kannst du dich konzentrieren, desto weniger Erfolg hast du in diesem Bereich. Dadurch aber spricht dich der Lernstoff noch weniger an, deine Konzentration lässt noch mehr nach, und die Teufelsspirale dreht sich weiter.

Konzentration heißt: sich auf eine Mitte hin sammeln

Es gibt Dinge, denen unsere Aufmerksamkeit zufliegt, die uns nicht mehr loslassen, auf die wir uns unwillkürlich konzentrieren. Dann gibt es wieder solche, auf die wir uns nur mit großer Mühe konzentrieren können und schließlich die, denen wir uns einfach nicht zuwenden wollen.

Ohne Konzentration können wir nichts bewusst tun, gibt es kein bewusstes Lernen und auch keinen Lernerfolg. Konzentrationsschwäche aber kann in den meisten Fällen geheilt werden. Und damit fangen wir gleich heute an:

Ohne Konzentration gibt es kein bewusstes Tun

Beginne deine Aufgaben nie mit einem Unlustgefühl! Du wirst mit einer solchen Einstellung nicht vom Fleck kommen, und schließlich wirst du völlig missmutig, weil zur Unlust auch noch der Frust kommt.

Nie mit Unlustgefühl beginnen

Außerdem streiche ab heute Sätze wie »Dazu habe ich keine Lust« oder »Das interessiert mich nicht« aus deinem Wortschatz. Denn woher willst du das wissen, wenn du dich mit einer Sache noch gar nicht näher befasst hast? Gib dir doch eine Chance, gib dem Schulbuch, dem Lernstoff eine Chance!

Dem Lernstoff eine Chance geben

Inneren Widerstand abbauen

Uns kommt es darauf an, dass du ab heute zu deinem Problemfach eine bewusst positive Haltung einnimmst. Das klappt erfahrungsgemäß besonders gut, indem du dich immer wieder aufforderst: »Englisch macht mir eigentlich Spaß, ich interessiere mich jetzt dafür.« Auch wenn dir Englisch überhaupt nicht liegen sollte, wirst du spüren, dass recht bald dein innerer Widerstand gegen dieses Fach verschwindet. Sollte am Anfang noch recht viel danebengehen, weil du verschiedene Fehler machst, dann fange noch einmal von vorne an. Beim nächsten Anlauf schaffst du es bestimmt. Aufgeben und den Mut verlieren ist in diesem Fall ein Vorrecht für Schlappies. Und zu denen zählst du ja nicht, denn sonst würdest du dieses Buch gar nicht lesen.

Nicht mutlos werden

Abschalten, an nichts denken

Doch ganz so leicht ist es leider nicht, sich selbst in den Griff zu bekommen. Versuche es einmal mit einer solchen Übung: Denke jetzt an nichts! Du wirst merken, wie schwierig das ist, denn du bist ständig mit irgendwelchen Gedanken beschäftigt.

Eine große, dunkle Fläche sehen

Deshalb müssen kleine Hilfsmittel verwendet werden: Schließe die Augen und betrachte jetzt eine große, dunkle Fläche. Auf dieser Fläche darf sich nichts bewegen. Schiebe alles, was sich auf diese Fläche begibt, zur Seite. Das wird dir nur für wenige Sekunden gelingen, immer wieder schieben sich Ringe, Scheiben und Wellenlinien auf diese Fläche. Lass dich aber nicht beirren. Versuche es immer wieder mit dieser Übung, bis du es ungefähr eine Minute lang schaffst, diese dunkle Fläche völlig leer und glatt zu sehen. Lies den letzten Abschnitt jetzt am besten nochmals durch und beginne mit dieser Übung!

Geschafft? Wenn nicht, du weißt ja: »Ich schaffe es, weil ich es schaffen will. Es gefällt mir, einmal für kurze Zeit so richtig abzuschalten, an gar nichts zu denken. Ich fühle mich entspannt dabei und empfinde es als angenehm!« – Also, auf ein Neues!

> **Gegen Konzentrationsschwäche kannst du selbst etwas tun**

Zum Abschluss der heutigen Etappe noch eine kleine Übung mit »sichtbaren« Ergebnissen:

Sieh dir diese Figur drei Minuten lang an. Präge dir die Stellung der einzelnen Quadrate ganz genau ein, konzentriere dich nur auf die Quadrate. Decke die Zeichnung zwischendurch ab, schließe die Augen und versuche, die Anordnung der Quadrate vor dir zu sehen. Wenn die drei Minuten abgelaufen sind (Uhr benutzen oder Zeitnehmer bitten), schließe das Buch und zeichne die Figur aus dem Gedächtnis auf ein weißes, unliniertes Blatt.

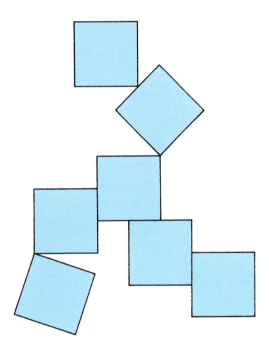

Vergleiche jetzt deine Zeichnung mit dieser Figur. Wenn du höchstens fünf Fehler gemacht hat, kannst du zwei Erfolgspunkte einkleben und das Buch entspannt beiseite legen.

Trainingsfeld Konzentration

30. Etappe

Konzentration kann man immer und überall trainieren. Jedes bewusste und gezielte Handeln ist bereits ein solches Training. Hierbei muss und soll es gar nicht immer um Leistung gehen. Es ist nur wichtig, sich einem Gegenstand oder einer Tätigkeit ganz und gar zu widmen – und wenn es das Nichtstun ist!

Konzentration kann man immer und überall trainieren

»Tue, was du tust!« heißt ein jahrhundertealter Spruch aus dem Fernen Osten. In diesem kleinen Sätzchen steckt das ganze Geheimnis aller Konzentrationsübungen: Tatsächlich und bewusst das tun, was man gerade tut. Natürlich geht das nicht immer, aber im Dienste der Konzentration solltest du mit diesem Satz öfter mal »meditieren«.

Das »Geheimnis« aller Konzentrationsübungen

Wenn du die Augen schließt, dich bewusst entspannst und nur auf das Einatmen konzentrierst, spürst du, wie die Luft durch die Nase zieht. Du erlebst das ganz deutlich und sagst zu dir: »Ich atme bewusst spürbar ein.« Wenn du ausatmest, spürst du die Luft durch den leicht geöffneten Mund zwischen Zähnen und Lippen entweichen. Es mag dir fremd vorkommen, so etwas als Konzentrationsübung zu betreiben. Deswegen fällt dir eine solche Übung zunächst sicher auch schwer. Daran erkennst du, wie wenig vertraut du mit den alltäglichsten Dingen bist, wie wenig bewusst du sie wahrnimmst.

Alltägliches bewusst erleben

Die folgenden Übungen darfst du nicht alle auf einmal ausprobieren. Sie sollen dir nur zeigen, wie viele Auswahlmöglichkeiten es gibt: Betrachte bewusst die Gegenstände in deiner Umgebung. Beginne zum Beispiel mit deinem Schuh. Betrachte Form, Farbe, Material, schadhafte Stellen und das Schuhband. Schließe nun die Augen und zeichne den Schuh in Gedanken nach... Öffne die Augen wieder und vergleiche dein Gedankenbild mit dem Gegenstand. Mache dir bewusst, was du alles vergessen oder sogar falsch »gesehen« hast.

Gezieltes Sehen und Erinnern

Ähnliches kannst du mit deiner Armbanduhr üben. Achte auf Form, Material, Ziffern, Zeiger, Armband. Schließe die Augen, stell dir die Uhr so genau wie möglich vor und zeichne das Ergebnis auf ein Blatt Papier. Dann kannst du die Zeichnung mit deiner Uhr vergleichen.

Blickfeld allmählich erweitern

Dort, wo du gerade sitzt, kannst du weitere solcher Übungen durchführen: Schließ die Augen, dreh den Kopf ein wenig nach rechts, öffne die Augen und sieh dir für ein paar Sekunden ganz genau all das an, was du jetzt erkennen kannst. Erinnere dich mit geschlossenen Augen, was du gesehen hast... Öffne die Augen wieder, kontrolliere das Ergebnis, schließ die Augen und denke dabei auch an die beim ersten Mal vergessenen Dinge – Augen öffnen, Blickfeld allmählich erweitern, kontrollieren, Augen schließen und so weiter, bis du dich an alles erinnert hast, was in deinem Blickfeld war.

Den Tastsinn trainieren

Nicht nur konzentriertes Hören und Sehen sind für ein erfolgreiches Lernen wichtig, sondern auch ein ausgeprägter und geübter Tastsinn – zumindest in manchen Lernbereichen. Überprüfe einmal, wie gut du damit zurecht kommst. Betaste mit deinen Fingern bei geschlossenen Augen verschiedene Gegenstände, die dir jemand reichen soll und beschreibe sie nach Form, Material, Oberflächenbeschaffenheit und Gewicht. (Kannst du beispielsweise mit verbundenen Augen drei verschieden grobe Schmirgelpapiere unterscheiden?)

Eigene Übungen entdecken und erfinden

Um konzentriertes Denken schließlich kreativ nutzbar zu machen, denke darüber nach, wie man Alltagsgegenstände über den gewohnten Gebrauch hinaus noch verwenden könnte, zum Beispiel einen Tischtennisball, eine Schreibmaschine, eine Brille, eine Armbanduhr, eine Büroklammer, einen Kugelschreiber, eine Kaffeetasse, ein Telefon, einen Anrufbeantworter, eine Computermaus. Wichtig ist auch hier, dass du längere Zeit deine Gedanken auf die jeweilige Frage konzentrierst und dann möglichst viele Ideen hervorbringst. Da die Gedanken frei sind, dürfen diese Ideen ruhig ausgefallen und ziemlich verrückt sein – du bist niemandem Rechenschaft schuldig.

Täglich nur eine Übung

Du siehst also, wie einfach es ist, selbst eigene Übungen zu erfinden. Doch nie vergessen: täglich regelmäßig eine Übung ist besser als heute drei Übungen, morgen zwei und übermorgen keine mehr!

Auch heute ist zum Abschluss der Etappe noch eine kleine Kniffelaufgabe zu lösen. Bedenke auch hier:

Tue, was du tust

Ermittle innerhalb von drei Minuten (Zeit nehmen!), wie viele der Ellipsen sich mit nur einer anderen schneiden, wie viele Ellipsen sich mit zweien, wie viele mit drei und wie viele sich mit vier anderen Ellipsen schneiden.

Bevor du beginnst, überlege, wie du vorgehen willst und wie du die bereits gezählten Figuren kenntlich machen kannst. Trage die Ergebnisse unter der Zeichnung ein.

Mit einer Ellipse schneiden sich _____
Mit zwei schneiden sich _____
Mit drei schneiden sich _____
Mit vier schneiden sich _____

Als Markierungshilfe eignen sich Farbstifte (vier verschiedene Farben), zum Beispiel für Ellipsen, die einmal geschnitten werden, einen grünen Stift, für die zweimal geschnittenen einen Rotstift und so weiter.

Die Lösung heißt übrigens: ×1 = eine Schnittfläche
zwei Schnittflächen = 3×, drei Schnittflächen = 3× und vier Schnittflächen = 4×

Bei wenigstens drei Lösungen sind zwei Erfolgspunkte für heute redlich verdient, bei weniger richtigen Lösungen müsste die Stufe 30b leider frei bleiben.

Problemfeld Klassengemeinschaft

31. Etappe

Dabei sein ist alles

Endlich! Das Pausenzeichen ertönt, alle Schüler aus Svens Klasse drängen in den Hof. Dort stehen sie in Gruppen zusammen, schwatzen fröhlich durcheinander und planen schon, was am Nachmittag unternommen werden soll. Klaus steht abseits. Dabei möchte er auch so gerne dazugehören. Seine Mitschüler aber behandeln ihn wie Luft. Woran liegt das bloß? Was soll er denn dagegen tun?

Nicht ins Abseits drängen lassen

Wenn du zu den Leuten gehörst, die etwas schüchtern sind und nicht sofort Kontakt zu anderen finden, muss das nicht gleich tragisch sein. Doch Vorsicht! Allzu schnell hast du dich in ein Schneckenhaus zurückgezogen, aus dem du nur schwer wieder herauskommst.

Freizeitgestaltung vorschlagen

Wenn es dir geht wie Klaus, warte nicht erst ab, bis andere auf dich zukommen und dich zu sich einladen. Das Warten ist meist vergeblich. Versuche lieber, zuerst einen deiner Mitschüler für dich zu gewinnen. Lade ihn dazu ein, mit dir etwas zu unternehmen, zum Beispiel etwas aus Holz herzustellen (einen Lautsprecher?), geh mit ihm schwimmen oder mach Musik mit ihm. Zeig ihm deine CD-Sammlung oder stell ihm eines deiner Spiele zur Verfügung. Vielleicht könnt ihr euch auch ein kleines Theaterstück mit eigenen Texten ausdenken, das ihr dann aufführt. Im Sommer ist eine Radtour ein preiswerter Freizeitspaß.

Aufgaben in der Klasse übernehmen

Hast du einmal zu einem Mitschüler Kontakt gefunden, fällt es dir bestimmt leichter, in der Klassengemeinschaft Fuß zu fassen. Motto: Gemeinsam geht vieles leichter! Biete deine Hilfe beim Hausaufgabenmachen an, übernimm Aufgaben in der Klasse wie Geld einsammeln, Schaukasten betreuen, Schülerzeitung mitgestalten, Klassenfete vorbereiten. Du kannst auch einmal zu einer kleinen Party einladen, wie wär's an deinem Geburtstag? Deine Eltern haben sicher nichts dagegen. Wenn doch: mach's woanders.

Rückschläge inbegriffen Du wirst sehen: Nach und nach gewinnst du, wie durch ein Wunder, wieder Selbstvertrauen. Natürlich darfst du nicht erwarten, dass sich der Erfolg von heute auf morgen einstellt, Rückschläge sind am Anfang der Normalfall.

Wenn andere dich aufziehen, dann meist nur, um über ihre eigenen Unsicherheiten hinwegzutäuschen.

Wenn du bereits guten Kontakt zu deinen Kameraden hast, weil du unsere Anregungen ohnehin schon praktizierst, bist du die richtige Frau, der richtige Mann, Zurückhaltendere deiner Klasse anzusprechen und sie zum Mitmachen einzuladen.

Suche eine Freundin – einen Freund!

Hilf mit, die Klassengemeinschaft zu gestalten

Punkt – Schluss!

Lehrerknigge – der Umgang mit Lehrern

32. Etappe

- Ausgeprägter Gerechtigkeitssinn
- Hervorragende Vermittlungsfähigkeit
- Ausgezeichnete Beherrschung des Faches
- Hohes Einfühlungsvermögen
- Vorbildliche Charaktereigenschaften
- Große Geduld

Berufsvoraussetzungen für Lehrerinnen und Lehrer

Dies sind nicht die Vorbedingungen für die Aufnahme eines Erzengels in den siebten Himmel, sondern schlicht einige der grundlegenden Merkmale einer guten Lehrerin bzw. eines guten Lehrers, wie sie in Berufsbeschreibungen des Arbeitsamtes aufgeführt sind, wie sie aber auch Schülerinnen und Schüler vom idealen Lehrer erwarten.

Da Lehrerinnen und Lehrer diesen Tugendkatalog aber selten erfüllen können, weil sie auch nur Menschen sind, also Fehler und Schwächen haben, muss man sie als solche ansehen und behandeln – wenn manche Lehrer auch anfangs so tun, als seien sie über alle irdischen Dinge erhaben.

Wie in jedem anderen Beruf gibt es unter Lehrern einige ungeeignete Exemplare, zum Glück nur wenige. Diese muss man eben ertragen – mehr ist dazu nicht zu sagen. Die Mehrzahl der Lehrerinnen und Lehrer ist aber grundsätzlich bereit, ein gutes Verhältnis zu ihren Schülerinnen und Schülern aufzubauen und zu pflegen. Denk mal nur an die Lehrerin oder den Lehrer, die du in mancher Hinsicht sogar echt gut findest.

Streben nach Erfolg

In einer Etappe dieses Buches heißt es: »Zu den Urbedürfnissen jedes Menschen gehören Streben nach Erfolg und das Verlangen nach Anerkennung.« Auf Lehrer bezogen bedeutet das: Sie wollen zunächst auch als Persönlichkeiten anerkannt werden. Weiterhin streben sie unbedingt an, dass ihre Arbeit, der Unterricht, bei den Schülern ankommt und Erfolg bringt.

Warum wohl ist der Rohrstock als Erziehungsmittel aus der Schule verschwunden und tauchen immer neue Unterrichtsmedien wie Film, Tageslichtprojektor oder Beamer auf? Weil die Pädagogen oder »Erziehungswissenschaftler« erkannt haben, dass nicht Strafen oder gar Prügel, sondern vor allem das Interesse der Schüler zum Lernerfolg führen. Lehrer werden heute dazu ausgebildet, Interesse zu wecken. Wenn sie vor einer Klasse »Taubstummer« oder völlig uninteressierter Störer stehen, bedeutet dies für sie ein schlimmes Misserfolgserlebnis.

Misserfolgserlebnisse der Lehrer

Du glaubst gar nicht, wie viele Lehrerinnen und Lehrer daraufhin insgeheim ihre fachlichen und persönlichen Fähigkeiten in Frage stellen! Manche gehen nur mehr voller Angst und innerem Schrecken in bestimmte Klassen und hoffen, von dort wieder halbwegs lebendig herauszukommen. Verständlich, dass sie unter solchen Bedingungen oft das einzige ausspielen, was ihnen auf jeden Fall bleibt: ihre Macht als Lehrer. Das bringt dann oft die vielbeklagten Ungerechtigkeiten hervor. Schnell sind schließlich Klasse und Lehrer in einem Gefühl gegenseitiger Feindschaft befangen und bleiben es meist auch – mit Nachteilen für beide Seiten.

Gegenseitige Abneigung schadet beiden Seiten

Nach alledem dürfte klar sein: Lehrer verlangen, dass sie akzeptiert werden und hoffen, dass Interesse an ihrem Unterricht bekundet wird. Natürlich kann man von keinem Schüler verlangen, dass er sich plötzlich für alles mögliche interessiert, nur um den Lehrern Erfolgserlebnisse zu vermitteln. Jedoch werden die Lehrer die bessere Mitarbeit oder auch nur das Abnehmen der Störungen als Zeichen guten Willens erkennen und entsprechend reagieren. Der gute Wille des Lehrers dazu ist fast immer da. Wetten!

Derartige Zeichen guten Willens sind auch auf anderen Ebenen möglich. Das beginnt bei Begrüßungen, reicht über das Bemühen um ein persönliches Gespräch bis hin zur Einladung auf die Klassenfete.

Umgangsformen beachten

Es geht also eigentlich um nicht mehr als die Beachtung allgemein gültiger Umgangsformen zwischen Menschen, die einander ernst nehmen.

Damit hast du nun erfahren, mit welchen grundlegenden Vorstellungen eine Lehrerin bzw. ein Lehrer in den Unterricht geht und wie man sich darauf einstellen kann und muss. Dies sind übrigens keine Empfehlungen für Kriecher; die glauben ja ohnehin zu wissen, wie sie ihre Lehrer einwickeln können, merken aber gar nicht, dass sie mit ihrer schleimigen Tour bei ihren Kameraden und über kurz oder lang auch bei man-

Kriecher sind arme Würmer

chen Lehrern »unten durch« sind. Bisher sind wir davon ausgegangen, dass Lehrerinnen und Lehrer von vornherein angemessene Umgangsformen gegenüber der Klasse zeigen. Was aber tun, wenn's einmal ganz anders aussieht:

»Gold ist ein gelb-rotes, weiches Metall, sehr gut walz- und dehnbar, beständig gegenüber Luft und Säuren, löslich nur in starken Oxydationsmitteln wie Chlorwasser. Wiederhole mal, Sven!«

»Äh, hm, äh, Gold ist, äh, Gold …«

»Sven, stören und schwätzen kannst du, aber drei Wörter ohne Stottern wiederholen, das schaffst du nicht, was? Dazu bist du zu bequem! Was willst du überhaupt auf dieser Schule?«

So etwas ist sicherlich eine peinliche Entgleisung des Lehrers, die unter keinen Umständen zu rechtfertigen ist. Wenn sich derartig verletzende und herabsetzende Äußerungen häufen, muss man den Lehrer daraufhin ansprechen – am besten nach der Stunde, wenn der erste Zorn verflogen ist. Der Lehrer weiß nämlich genau, dass solche Beschimpfungen auf keinen Fall mit seinem Beruf vereinbar sind. Deswegen wird er normalerweise sein Verhalten entschuldigen und sich in Zukunft zurückhalten. Wenn er ein Gespräch jedoch ablehnt, sollten Eltern oder Vertrauenslehrer eingeschaltet werden.

Verletzende Äußerungen bereinigen

Mit diesem Hinweis möchten sich aber bitte nicht alle diejenigen ermuntert fühlen, die den Lehrer halblaut »Arschloch« schimpfen, selbst aber tödlich beleidigt sind, wenn dieser ihnen einmal »Träne« an den Kopf wirft. Einen schlechten Tag muss man auch einem Lehrer zugestehen.
Gute Mitarbeit im Unterricht ist oft der Hebel für ein anständiges Arbeitsklima zwischen Klasse und Lehrer. Dann bleibt auch eher mal Zeit für Schulprobleme allgemeiner Art.

Ob es nun um ungerechte Behandlung, Klassenarbeitstermine, Zensuren gehen mag – ein persönliches sachliches Gespräch zwischen Lehrer und Schüler ist eine Möglichkeit, das Lehrerverhalten auf dein und deiner Mitschüler Interesse hin zu beeinflussen.

Der entscheidende Ansatzpunkt ist dein positives Denken. Konzentriere dich bewusst auf die positiven Seiten deiner Lehrer. Du wirst sehen, dass es in jedem Lehrer eine Reihe positiver Seiten zu entdecken gibt. Wenn du dies mit einiger Ausdauer durchhältst, wirst du spüren, wie sich die

Positives Denken

Lehrer dir gegenüber anders verhalten. Denn hier werden unbewusste Signale gesendet, welche die psychologische Grundlage zwischenmenschlicher Beziehungen bilden.

Dein Verhalten beeinflusst das Lehrerverhalten

Schluss – Punkt!

Motivation – was ist das?

33. Etappe

»Motivation, was ist das? Kann man das essen?« fragte einmal scherzhaft ein jüngerer Schüler auf einem Methodikkurs. Und tatsächlich, Motiv und Motivation sind zwei in der Lernforschung recht häufig benutzte Fremdwörter, die oft nur auf ein verschwommenes Verständnis stoßen. Sicherlich erinnerst du dich an einen Krimi oder eine Detektivgeschichte und daran, dass der Kommissar stets nach einem Motiv, d.h. nach einem Beweggrund für das Verbrechen suchte.

Beide Wörter, Motiv und Motivation, kommen aus dem Lateinischen und bezeichnen den Grund, aus dem heraus ein Mensch zu einer Handlung veranlasst wird.

Motiv = Beweggrund oder Antriebskraft

All deine Wünsche und Bedürfnisse wirken als Antriebskräfte, kurz als Motor deines Verhaltens und heißen in der wissenschaftlichen Sprache Motiv oder Motivation. Dabei besteht zwischen den beiden Begriffen kein wesentlicher Unterschied, der Ausdruck Motivation bezeichnet lediglich die Gesamtheit aller einzelnen Motive. (Übrigens stammt »Motor« von derselben lateinischen Wurzel wie »Motiv« – kennst du sie?)

Motivation = mehrere Beweggründe (Motive)

Bevor wir nun tiefer in das Thema Lernmotivation einsteigen, müssen wir uns klarmachen, welch gewaltige Bedeutung das Lernen im Leben eines jeden Menschen hat. Um dies erkennen zu können, wollen wir uns ein paar Gedanken über das Lernen machen.

Bedeutung des Lernens

Was versteht man eigentlich unter Lernen? Sicher handelt es sich um Lernen, wenn Sven über seinen Hausaufgaben brütet oder beim Deutschaufsatz schwitzt. Aber ist das alles? Bezieht sich Lernen nur auf Schule, Schülerinnen und Schüler?

Natürlich nicht. Im Gegenteil, schulisches Lernen ist zwar sehr wichtig, aber im Vergleich zu allen anderen Lernvorgängen, die jeder Mensch in seiner Entwicklung vom Kleinkind bis hin zu Oma oder Opa bewältigen muss, bildet es nur einen verschwindend kleinen Teil.

Lernen ist ein lebenslanger Vorgang

Gelernt wird nicht nur in der Schule

Lernvorgänge laufen in jedem Alter und in den verschiedensten Situationen und Umgebungen ab. Wir leben immer, ob Jung oder Alt, in einer Umwelt, die sich andauernd verändert und immer neue Anforderungen an uns stellt. Deine Umwelt, das sind all die Menschen und Dinge, denen du – sei es in der Familie, in der Schule, im Beruf, im Verein oder auf der Straße – irgendwann und irgendwo begegnest. Diese Umwelt stellt eine ständige Lernsituation dar und wird somit, bildlich gesprochen, im weitesten Sinne zu deiner eigentlichen Schule. Ohne ständiges Lernen ist der Mensch nicht anpassungsfähig und scheitert!

Wichtig ist, dass du die ungeheuer große Rolle, die das Lernen im Leben eines jeden Menschen spielt, richtig erkennst.

> **Der Mensch lernt nicht nur in der Schule, sondern überall und immer und »lebenslänglich«**

Für heute reicht's. Klebe noch einen Erfolgspunkt auf die 33. Stufe der Methodiktreppe und lege das Buch weg.

Freizeit als Problem

34. Etappe

Sonntagnachmittag. Sven döst in seinem Zimmer und langweilt sich zu Tode. Was soll er bloß machen? Keiner ist da, der mit ihm spielen möchte und allein irgendetwas anzufangen, hat er auch keine Lust. Also schlendert er ins Wohnzimmer und schaltet den Fernseher ein. Da hockt er dann stundenlang davor. Er findet den Film zwar ziemlich schlecht, aber immerhin geschieht etwas, und die Zeit geht auch vorbei.

So kann Freizeit zu einem Problem werden – besonders dann, wenn man nicht gelernt hat, mit sich selbst etwas anzufangen. Da hängt man herum, schlägt die Zeit tot und weiß nicht so recht, was man überhaupt will. Alles ist plötzlich stinklangweilig und macht keinen Spaß mehr. Dabei ist Freizeit zu kostbar, um sinnlos vertan zu werden. Sie ist Lebenszeit, die einem selbst gehört, in der man tun und lassen kann, was man will. Sie ist ein notwendiger Ausgleich zum Unterricht. Deshalb gehören Hausaufgaben machen, Einkäufe erledigen und ähnliches nicht dazu.

Langeweile ist anstrengend

Wenn man also Zeit zur freien Verfügung hat, sollte man damit auch etwas Vernünftiges anfangen können. Leider ist dies nicht immer der Fall. Und wie anstrengend kann Langeweile sein! Mit Erholung hat das nichts mehr zu tun. Auf Erholung und Spaß kommt es aber in der Freizeit an. Es ist dabei ganz gleich, was du machst – ob du schwimmen gehst, am Fahrrad herumschraubst, Musik hörst oder ein Buch liest. Wichtig ist, dass du deine Freizeit nicht freud- und phantasielos verbringst.

Erholung und Spaß in der Freizeit

Überleg dir einmal, wie du deine freie Zeit bisher gestaltet hast und ob sie dir wirklich Spaß gemacht hat. In den nächsten Etappen erfährst du einiges darüber, was du in deiner Freizeit unternehmen kannst.

Freizeit soll Spaß machen

Schluss für heute und Punkt einkleben.

Soziales Lernen in der Gemeinschaft

35. Etappe

Soziales Lernen heißt, sich in der Gemeinschaft zurechtzufinden, anderen aufgeschlossen gegenüberzutreten und Rücksicht auf sie zu nehmen, ohne die eigenen Wünsche zu unterdrücken.

Sich in der Gemeinschaft zurechtfinden lernen

Eine Gemeinschaft entsteht immer, wenn du mit anderen etwas unternimmst und dich für sie einsetzt. Sie steht immer auf zwei Beinen, sonst käme sie zu Fall. Das eine Bein heißt gemeinsames Tun, das andere ist der eigene Beitrag.

Soll eine Party gelingen, ist jeder einzelne Beitrag wichtig. Wie unerträglich ist es, Langweiler, Nörgler und Stinktiere zu Gast zu haben. Sie liefern keine einzige Idee, auch nicht bei den Vorbereitungen, übernehmen keinerlei Aufgaben, beteiligen sich weder am Tanz noch an der Unterhaltung, finden aber alles reichlich fad und blöde, meckern dumm herum und verderben den anderen die Laune.

Da ist es schon verständlich, dass die Lust an eigenen freiwilligen Beiträgen verlorengeht. Aber lass dich nicht entmutigen. Solche Motzer und geistlose Typen sind nur darauf aus, sich in den Vordergrund zu spielen. Weil sie selbst keine echte Anerkennung finden, wollen sie auch anderen den Erfolg nicht gönnen.

Erkundige dich doch einmal, nur so aus Neugier, nach dem nächstgelegenen Jugendhaus, Haus der offenen Tür oder Jugendzentrum. Dort gibt es manchmal ein reichhaltiges Programm mit Filmen, Werk- und Bastelkursen, Diskussionsrunden, Disco-Parties, Koch- und Kosmetikkursen. Hier findest du eine zwanglose Atmosphäre und du kannst kommen und gehen, wann du willst.

Besuch im Jugendzentrum

Mitgestalten in der Schule Einsatzfreude kannst du auch in der Schule zeigen. Jetzt ist aber nicht der Unterricht gemeint, sondern zum Beispiel die Mitarbeit an der Schülerzeitung, einer Klassenfete oder einem Theaterstück.

Freizeiterfolge spornen an Sei sicher: Wenn etwas geklappt hat, woran du selbst entscheidend mitgewirkt hast, dann spürst du ein Gefühl der Zufriedenheit und klopfst dir wohlverdient selbst auf die Schulter. Das tut gut und gibt neuen Aufschwung.

Hilf mit, etwas auf die Beine zu stellen

Für heute hast du's geschafft! – Punkt einkleben!

Kleines Sportstudio

36. Etappe

Sport bietet erstaunlich viele Möglichkeiten. Du kannst Sport allein oder in der Mannschaft, im Freien oder in der Halle, im Sommer und im Winter betreiben. Immer ist Sport-Zeit.

Was kann man nicht alles mit einem Ball machen: natürlich Fußball, aber auch Handball, Volleyball, Basketball, Völkerball, Sitzfußball, Jägerball. Oder wie wär's mit Tennis, Ping-Pong, Squash, Badminton. Du kannst turnen, radfahren, dich in Gymnastik und Leichtathletik betätigen, joggen oder regelmäßig auf den Trimm-dich-Pfad gehen.

Ballspiele

Für die Härteren gibt's Boxen, Ringen, Judo und Karate. Etwas gemütlicher geht es dagegen zu beim Frisbee, Ringwerfen, Tai-Chi, Indiaka, Minigolf oder Kegeln. Oder möchtest du einmal angeln?

Wasserratten können heute jederzeit auf ihre Kosten kommen und sich vom Frei- über Fahrten- und Jugendschwimmer bis hin zum DLRG-Rettungsschwimmer ausbilden lassen.

Wassersport

Es muss ja nicht immer eine der kostspieligeren Sportarten wie Segeln, Surfen, Tiefseetauchen oder Wasserski sein. Rudern und Schnorcheln machen genauso viel Freude. Und im Winter heißt es dann: Ski und Rodeln gut!

Wintersport

Auf Pisten oder Loipen kannst du bei Abfahrten oder Skiwanderungen deinen Spaß haben. Und wie steht's mit Schlittenfahren, Schlittschuhlaufen, Snowboardfahren oder gar Eishockey?

Es ist unmöglich, die ganze Vielfalt des Sportangebots aufzuführen. Das ist auch nicht nötig. Entscheidend ist, dass du das eine oder andere aus der Fülle der Möglichkeiten einfach mal ausprobierst. Überlege dir, ob es deinen körperlichen Fähigkeiten entspricht und dir auf Dauer Spaß machen könnte.

Geeignete Sportarten auswählen und ausprobieren

Wenn du weitere Informationen brauchst, weil du wissen willst, wie man eine bestimmte Sportart betreibt oder wann und wo du in einer Mannschaft mittrainieren kannst, wende dich an Sportlehrer, Sportfachgeschäfte, Vereine, Fachkräfte in Buchhandlungen oder an:

Informationen gibt es reichlich

Deutscher Olympischer Sportbund
Otto-Fleck-Schneise 12
60528 Frankfurt
Tel. 069/6700-0
www.dosb.de

Ausdauer zeigen

Sollte dir eine Sportart, die du bisher mit viel Eifer betrieben hast, plötzlich nicht mehr gefallen, höre nicht überstürzt damit auf. Vielleicht bist du zu ungeduldig, lässt dich zu früh entmutigen oder bist vorübergehend mit deinen Kameraden nicht einig. Versuche, die Ursache zu verändern und nimm einen zweiten Anlauf!

Sport erfordert Fairness und Ausdauer – auch Niederlagen gehören dazu

Erfolgspunkt Nummer 36 ist fällig.

Musik und Unterhaltung

37. Etappe

Singen nur im Badezimmer?

Hast du schon mal in der Badewanne oder unter der Dusche richtig frei und unbehindert deine Lieblingshits geträllert? Aber dann: Kaum hast du das Badezimmer verlassen, ist es vorbei mit dem Singen! Eigentlich schade...

Aber so geht es uns allen. Sobald jemand zuhört, sind wir gehemmt und halten uns aus Angst zurück – wir könnten uns ja blamieren. Lass deine Freunde ruhig grinsen, wenn du etwas machst, was gerade zufällig nicht »in«, nicht »cool« ist. Was du tust, muss vor allem dir gefallen und dir Spaß machen.

Mut zum eigenen Musizieren

Genauso ist es, wenn du ein Instrument spielst. Willst du beispielsweise Gitarre lernen, genügt es für den Anfang meist schon, wenn dir ein Kumpel, eine Freundin aus der Nachbarschaft ein paar Griffe beibringt. Möchtest du dich intensiver mit einem Instrument beschäftigen oder einmal ein anderes ausprobieren, wende dich an deinen Musiklehrer oder an Musiker einer Musikschule in deiner Stadt. Sie werden dich sicherlich gern und gut beraten.

Instrumentenkauf will überlegt sein

Ein Wort zum Instrumentenkauf: Bevor du dir ein eigenes Instrument anschaffst, erkundige dich gründlich, welchen Einsatz es verlangt und welche Möglichkeiten es dir bietet. Sieh zu, dass du ein entsprechendes Instrument eine Zeitlang ausprobieren kannst. Es wäre zu schade, wenn viel Geld ausgegeben würde, nur weil du in der ersten Begeisterung dein Interesse überschätzt hast. Außerdem gibt es bestimmt Krach zu Hause, wenn das teure Stück nach zwei Monaten ungenutzt in der Ecke stehenbleibt, weil du vielleicht doch lieber vor dem Fernseher sitzt und das Programm über dich ergehen lässt – obwohl es dich langweilt.

Sei wählerisch beim Fernsehen

Nichts gegen das Fernsehen, aber du solltest dir Gedanken darüber machen, was du dir ansiehst und wieviel Freizeit du dafür aufbringen willst. Prüfe immer, was du in dich aufnimmst. Merkst du eigentlich, wann man dir Schrott anbietet? Sei wählerisch!

Nicht berieseln lassen   Das gilt auch für Radio und MP3-Player. Oder hast du's wirklich nötig, dich den ganzen Tag mit oberflächlichem Kitsch berieseln zu lassen?

Verschlinge auch Batman, Tarzan, Superman, Mad, Micky Maus oder Asterix nicht kritiklos, sondern prüfe selbst, was du für Kitsch hältst. Du kannst deine Lebenszeit besser nutzen, als dir immer den gleichen Schwachsinn »reinzuziehen«.

Auch Bücher können Schund sein   Ähnliches gilt für Bücher: Erwachsene lesen häufig die Bücher selbst nicht, die sie verschenken, und wissen daher auch gar nicht, was sie da auf den Gabentisch gelegt haben. Wenn du Spaß am Lesen hast, kauf dir selbst ein Buch.

Denn wie schon gesagt: Nicht alles geschehen lassen, sondern selbst aktiv werden.

Sei anspruchsvoll – wähle aus

Abschalten – Punkt für heute.

Positive und negative Motivation

38. Etappe

Unser Freund Methodix hastet zum Bahnhof. Er hat es eilig, die Zeit ist knapp und er darf den Methodixexpress nicht verpassen. Aber das Hasten macht ihm gar nichts aus, denn Methodix ist stark motiviert, er hat ein festes Ziel vor Augen. Sein Zielbahnhof heißt Neulernstadt, wo er einen Vortrag über das Thema »Motivationsarten und praktische Motivationshilfen« halten wird.

Festes Ziel vor Augen

Methodix hat erkannt, dass Motivation und methodisches Vorgehen fest zueinander gehören: Alle noch so ausgefeilten Arbeitstechniken bleiben ohne Wirkung, wenn die rechte Motivation fehlt. Und jede noch so starke Motivation verfehlt ihr Ziel, wenn ein Schüler nicht weiß, wie er sinnvoll an den Lernstoff herangehen soll. Methodik und Motivation müssen vielmehr ineinander greifen.

Methodik und Motivation unterstützen sich gegenseitig

Endlich hat es Methodix geschafft; er sitzt im Motivationsabteil, streckt gemütlich seine Beine aus und beginnt nachzudenken. »Hm«, brummt er vor sich hin, »Lernen ist ein lebenslanger, lebensnotwendiger Prozess. Ein Mensch, der aufhört, den Grund seiner Handlungen zu hinterfragen (Warum?) hat sich selbst aufgegeben. Die angeborene Neugier ist der ursprünglichste und mächtigste Lernantrieb. Wie war das noch? Richtig, Lernen soll Spaß machen …«

Plötzlich ruft jemand: »Sven, entweder du machst jetzt Hausaufgaben, oder heute abend gibt's kein Fernsehen!« Und: »Wenn deine Noten nicht besser werden, kannst du dir das neue Fahrrad aus dem Kopf schlagen!«

Erschrocken richtet sich Methodix auf, er war offenbar eingeschlafen. »Na ja«, denkt er, »wenn das so aussieht, kann Lernen wohl doch keinen Spaß machen.« Und tatsächlich, nicht selten sind Schule und Lernen längst zu einer unangenehmen Last geworden. Denke an deine eigene Situation und Umgebung. Viele Schüler erledigen alles, was mit Schule zu tun hat, höchst ungern und nur unter Zwang. Die einzigen Freuden sind das Klingelzeichen für Pausen und Schulschluss – oder die Ferien.

Lernen aus Angst vor Strafe

Angenehmes Lernen durch Belohnungen

Aber glücklicherweise gibt es auch andere Beispiele. »Wenn deine Noten weiterhin so gut bleiben, Sven, bekommst du zum Geburtstag die heiß ersehnte Carrerabahn« oder »Solltest du in Latein von der Fünf auf die Vier kommen, gibt's eine extra Taschengeld-Prämie« oder »Es ist so: Heute abend läuft im Kino dieser super Film. Wenn du deine Hausaufgaben rasch erledigst...«

Positive und negative Motivation

Was ist der Unterschied? In den ersten Beispielen handelt es sich um Strafandrohungen, also um unangenehme Reize, negative Motivationen, welche Angst vor Misserfolg, Ablehnung und Strafe hervorrufen. Der Schüler versucht, die drohenden negativen Folgen zu vermeiden, was ihn vorübergehend zum Lernen zwingt. Im zweiten Fall handelt es sich um angenehme, d.h. positive Motivationen, die dadurch wirken, dass dem Lernerfolg eine Belohnung winkt.

In keinem der beiden Fälle wird um des Lernens willen gelernt. In unseren Beispielen wird entweder gelernt, um einer Bestrafung zu entgehen oder aber, um eine versprochene Belohnung zu erhalten. Belohnung bedeutet dabei gar nicht immer irgendetwas Außerordentliches, beispielsweise Geld oder größere Geschenke, sondern auch Anerkennung, Beachtung oder ein lobendes Wort.

Welche der beiden Motivationsarten – die positive oder die negative – außerhalb der Schule stärker wirkt, das lässt sich nicht so einfach entscheiden und hängt von der jeweiligen Situation ab.

Negative Motivation bewirkt Furcht und Angst

Gewiss kann niemand abstreiten, dass negative Motivationen – Strafen – im täglichen Leben oft von einer Sache wegmotivieren. Aus Furcht vor unangenehmen und nachteiligen Folgen werden die unerwünschten oder verbotenen Handlungen unterlassen. Eine große Gefahr jeder negativen Motivation besteht aber darin, dass man durch Strafandrohung zwar ziemlich wirkungsvoll von etwas wegmotivieren kann, aber nie recht weiß, in welche Richtung der Betroffene sein Verhalten dann ändert. So ist es durchaus möglich, dass ein Übel lediglich durch ein anderes ersetzt wird, und in Wirklichkeit gar keine Verbesserung eintritt.

Für die Schule haben wir – du erinnerst dich bestimmt – eine positive Grundeinstellung zur Voraussetzung für sinnvolles Lernen erklärt. Lernen soll Spaß machen. Wie aber können Lernvorgänge in einem positiven Licht erscheinen, wenn sie ständig von unangenehmen Dingen begleitet sind? Wie soll Lernen Vergnügen bereiten, wenn auf Dauer negative Motivationen das Feld beherrschen? So geht es langfristig nicht! Furcht vor Strafe und Angst vor unangenehmen Folgen können den Lerneifer zwar kurzfristig erhöhen, auf lange Sicht allerdings führen negative Motivationen nicht zum gewünschten Lernerfolg, sondern bringen das Lernen insgesamt in Misskredit – O weh! Haben wir jetzt über diesen Überlegungen unseren Methodix vergessen? Keine Spur! Im Gegenteil – Methodix hat während der restlichen Zugfahrt die gleichen Probleme gewälzt wie wir. Er ist in Neulernstadt angekommen und verkündet stolz:

Negative Motivation ist als dauernder Lernantrieb abzulehnen

Positive Motivation bringt echte Lernfreude

Tja, geschafft! Den Erfolgspunkt hast du redlich verdient. Wenn du die Konzentrationsübung lösen kannst, gibt es noch den zweiten Punkt.

Erkenne die Gesetzmäßigkeit des Zahlenrades und trage die fehlenden Zahlen in die freien Felder ein:

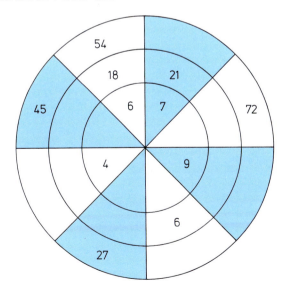

Lösung:

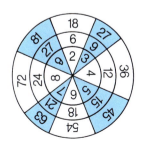

Grundbedürfnisse und Lernen

39. Etappe

Bestimmt erinnerst du dich! Methodix ist nach Neulernstadt gefahren, um einen Vortrag über Motivation zu halten. Er ist mittlerweile dort angekommen und betritt den Vortragssaal. An den Wänden hängen überall riesige Poster mit Aufschriften in großen Buchstaben:

»Alles Lernen muss motiviert sein!«
»Je stärker der Lernantrieb, desto höher die Lernleistung!«
»Positive Motivationen bewirken echte Lernfreude!«

»Das leuchtet ja ein«, geht es Methodix durch den Kopf. Wie du bereits gehört hast, ist Lernen auf Motivation angewiesen. Ohne irgendeinen Antrieb verharrt der Mensch in Trägheit. In diesem Zustand lässt er sich zu nichts bewegen, bleibt passiv, zeigt kein Interesse und lernt nichts hinzu. Deshalb ist die ständige Frage nach dem Warum so wichtig. Mit ihrer Hilfe sollst du dir über deine Beweggründe Rechenschaft geben.

Neugierde verhindert Trägheit

Lernen und Leistung gehören zusammen, das sieht man auch an dem zusammengesetzten Hauptwort »Lernleistung«. Nicht selten verlangt Lernen von euch Schülern beträchtliche Mühe und Anstrengung, das spürt ihr ja oft genug. Wichtig aber ist, dass Lernleistungen mit zunehmender Motivation steigen. Die Abhängigkeit der Lernleistung von der Stärke der Motivation lässt sich überall beobachten. Selbstverständlich gibt es da Grenzen. So ist klar, dass auch eine Verdoppelung der Motivation nichts mehr ausrichten kann, wenn die Spitze des persönlichen Leistungsvermögens bereits erreicht ist.

Lernen und Leistungen gehören zusammen

Wie du weißt, treiben dich verschiedenste Wünsche und Bedürfnisse zum Lernen an. Methodix betont ausdrücklich, dass jedes Lernen, besonders aber das schulische Lernen, erst uneingeschränkt möglich ist, wenn vorher alle lernstörenden Einflüsse beseitigt sowie die wichtigsten biologischen Grundbedürfnisse befriedigt sind.

Lernstörende Einflüsse beseitigen

Lernstörungen können erst am Arbeitsplatz auftreten oder vorgängige seelische Ursachen haben. Ein Beispiel:

Auf das seelische Gleichgewicht achten

Sven hat sich mit seinem besten Freund gestritten. Jetzt sind sie verkracht und sprechen nicht mehr miteinander, obwohl beiden viel an der Freundschaft liegt. Eine dumme Sache: Beide waren schuld, und nun ist jeder von ihnen zu stolz, auf den anderen zuzugehen. Schon bald macht Sven sich Vorwürfe und bekommt diesen ärgerlichen Streit nicht mehr aus dem Kopf. Sein seelisches Gleichgewicht ist gestört, das behindert ihn erheblich beim Lernen. Seine Konzentration lässt nach, der Lerneifer schwindet. Erst als seine Mutter ihn überredet, den Freund doch mal anzurufen und die Angelegenheit ins Reine zu bringen, kann Sven wieder unbeschwert lernen.

Eine schlechte seelische Verfassung, hervorgerufen durch Sorgen, Ärger, Streit mit Freunden, Eltern oder Lehrern, ist demnach ein denkbar ungünstiger Begleiter beim Lernen.

Stelle dir einen eifrigen Schüler vor, der von seinem knurrenden Magen abgelenkt wird. Oder einen, der sich nicht konzentrieren kann, weil ihn bereits zehn Minuten nach Beginn der Hausaufgaben die Blase drückt. (Es ist besser, diesem Drang nachzugeben, als ihn zu unterdrücken; nach Möglichkeit sollen derlei Dinge aber vor dem Lernen erledigt sein.) Oder wenn du übermüdet vor dem Geschichtsbuch sitzt und zu behalten versuchst, ob Karl der Kahle oder Karl der Einfältige König im Westfrankenreich war (der Kahle war's übrigens …).

Erfolg und Anerkennung sind wichtig

Aber nicht nur Essen, Trinken und Schlafen sind Urbedürfnisse des Menschen, sondern auch das Streben nach Erfolg und Anerkennung.

Jeder Mensch – auch du – braucht ab und zu ein anerkennendes Wort und das Gefühl, gebraucht zu werden. Ohne Selbstbestätigung und eine gelegentliche Streicheleinheit verkümmert der Mensch und wird innerlich krank.

Grundbedürfnisse rechtzeitig zufriedenstellen

Übrigens, vergiss deinen Erfolgspunkt nicht! Es ist schon der 39.

Stress abbauen und vermeiden

40. Etappe

Du hast bestimmt schon Tage erlebt, an denen es drunter und drüber ging, an denen du nicht mehr wusstest, wo dir der Kopf steht. Du warst voll »im Stress«.

Wenn du bei deiner Arbeit häufig Reizen wie Lärm, Hektik und Zeitdruck ausgesetzt bist, wenn du Angstgefühle vor der nächsten Klassenarbeit hast oder persönliche Probleme dich drücken, wenn gar mehrere dieser Punkte zusammentreffen, dann gerätst du in einen Spannungszustand, den man als Stress bezeichnet. Und wenn diesem Spannungszustand keine Entspannung folgt, wirst du mit der Zeit so mut- und lustlos, dass du am liebsten vor allem davonlaufen möchtest. Es liegt auf der Hand, dass so auch deine schulischen Leistungen beeinträchtigt werden. **Angst und Stress lähmen die Handlungsfreude**

Hast du Krach mit deinen Eltern, weil du dich angeblich zu viel mit deinen Freunden herumtreibst? Kommst du erst abends nach Hause, erledigst deine Hausaufgaben nur unvollständig, bist am nächsten Morgen unausgeschlafen, eilst ohne Frühstück in die Schule und hast dann ständig Angst, aufgerufen zu werden? Dann spürst du am eigenen Leibe, was Stress ist. **Stress-Situationen**

Es hat gar keinen Zweck, diese Probleme einfach zu verdrängen. Dadurch werden sie nicht beseitigt. Du kannst aber versuchen, sie zu lösen. Beginne damit, deinen Tagesablauf ein bisschen zu ändern. Wie wär's, wenn du dir mehr Zeit nimmst, ein paar Minuten früher aufstehst, einige gymnastische Übungen machst oder kurz etwas frische Luft schnappst? Du wirst jetzt denken, dass du weder ein Sohn von Turnvater Jahn bist noch den Ehrgeiz zum Spitzensportler hast. Beides ist hier nicht gefragt. Aber wer sich so auf den Tag vorbereitet, macht einen ersten Schritt zum Stressabbau. Ein bekannter amerikanischer Wissenschaftler hat dazu bemerkt: »Wenn du wissen willst, wie schlapp dein Gehirn ist, befühle die Muskulatur deiner Beine!« Er wollte damit sagen, dass viel Bewegung in frischer Luft die Konzentration erheblich fördert. **Probleme nicht verdrängen**

Bewegung fördert die Konzentration

Wer konzentriert geistig arbeitet, verbraucht beispielsweise 15 Prozent mehr Sauerstoff als sonst.

Auch ein gemütliches Frühstück ist für den Stressabbau wichtig. Denn wer sich Zeit lassen kann, geht schon mit einer besseren Stimmung zur Schule.

Negatives Denken blockiert Wenn du nun in der Klasse sitzt, solltest du nicht mit der Grundeinstellung an die Arbeit gehen: »Heute geht es wieder schief.« Denn solche negativen Vorstellungen lähmen dich und mindern deine Leistungsfähigkeit. Und vor allem zieht ein derartiges Denken das Befürchtete geradezu an.

Positives Denken beflügelt Gegen diese Ängste, Schwarzseherei und Zweifel gibt es ein wirksames Mittel: Setze positives Denken dagegen! Positive Denker entscheiden sich, weil sie wissen, dass irgendeine Entscheidung besser ist als ein passives tatenloses Verharren und Abwarten. Angstdenker sehen nämlich immer wieder ein »Wenn« und ein »Aber«, sie können sich nicht entscheiden. Wer sich aber nicht entscheidet, kann auch keinen Entschluss fassen, etwas zu unternehmen. Bist du positiv eingestellt, dann gibst du dem positiven Verlauf eine Chance und richtest dein Handeln danach aus. So könntest du dir vornehmen, dich im Unterricht zu melden, etwas an der Tafel zu rechnen, Fragen zu stellen – ohne Angst, deshalb ausgelacht zu werden – kurzum, zu zeigen, dass du gerne mitarbeitest und dir der Lernstoff eigentlich Spaß macht.

Nach einem solchen Schultag kommst du auch fröhlicher nach Hause, genießt das Mittagessen und benutzt die Mittagspause für echte Entspannung bei Musik, Lesen oder Spielen.

Übersicht schaffen heißt Stress vermeiden Wenn du dann deine Hausaufgaben sinnvoll einteilst, die Klassenarbeitsvorbereitung in deinem Wochenplan rechtzeitig unterbringst, geeignete Pausen einhältst und deine Freizeit gut zu nutzen weißt, hast du entscheidende Schritte unternommen, dem Schreckgespenst Stress den Garaus zu machen.

Richte also deine Aufmerksamkeit nicht auf das, was Ärger bereiten könnte, grüble nicht darüber nach, wie viel Unangenehmes auf dich zukommen könnte. Konzentriere dich bewusst auf die positiven Seiten deiner Mitmenschen – Eltern, Kameraden und Lehrer. Du wirst sehen, dass es noch einige positive Seiten zu entdecken gibt. Und auf geheimnisvolle Weise spüren diese Personen deine Einstellung und werden sich dir gegenüber auch entgegenkommender verhalten. Wenn du dies mit ein wenig Ausdauer fertigbringst, wirst du über deinen Erfolg mit dieser Methode selbst überrascht sein.

Mitmenschen neu entdecken

Erinnere dich an eigene positive Leistungen in der Vergangenheit, an Situationen, in denen du die Schwierigkeiten überwunden hast …Wenn du es damals geschafft hast, wirst du es auch diesmal schaffen!

An eigene Erfolge anknüpfen

Durch positive Einstellung Stress vermeiden

Mit dieser Einstellung klebe deinen Erfolgspunkt ein.

Lernen am Erfolg

41. Etappe

Ein weiterer Lerntipp lässt sich mit drei Worten ausdrücken:

»Lerne mit Erfolg!«

»Das hört sich ja ganz nett an, wie aber soll ich das bewerkstelligen?«

Betrachte einmal das Foto auf der gegenüberliegenden Seite.

Da siehst du unseren Sven, der auf dem Sockel einer sehr hohen Säule steht. Er will da unbedingt hinauf, aber im Vergleich zu dieser riesigen Säule ist er ein Zwerg. Klettern geht nicht, und mit einem einzigen Sprung, in einem Anlauf, ist da natürlich nichts zu machen. Was ist die natürliche Folge? Sven dreht sich entmutigt um und gibt sein Vorhaben auf.

Ziel zu hoch gesteckt

Dabei lässt sich das Problem mit Phantasie und ein paar Hilfsmitteln lösen. Zum Beispiel durch eine große Feuerwehrleiter: Der zu lange Weg wird so in viele kleine, erreichbare Teilabschnitte zerlegt und am Ende bewältigt. Von Stufe zu Stufe kommt Sven seinem Ziel näher, mit jeder Sprosse erhellt sich sein Gesicht. Die Motivation steigt, bis er das Ziel erreicht hat.

Was bedeutet das? Die unendlich hohe Säule steht für die Flut langwieriger, schwerer und unübersichtlicher Aufgaben, denen du im Schulalltag oft gegenüberstehst. Da ist ein Berg von schriftlichen und mündlichen Hausaufgaben, dann die Vorbereitung auf die nächste Klassenarbeit, dazu der nicht verstandene Stoff der letzten Französischstunde und – nicht zu vergessen – der leidige Klavierunterricht.

Wie war das noch? Spaß und Freude am Lernen, so hießen die zentralen Begriffe, die bei der Behandlung positiver Motivation als grundlegende Merkmale im Mittelpunkt standen. »Wo sind sie geblieben?« kann man da nur fragen, wenn man einen Schüler sieht, der unter der Last seiner Aufgaben fast zusammenbricht und den ganzen Kram am liebsten hinschmeißen würde.

Zwischenziele abstecken

Grund zur Freude: Die Feuerwehrleiter mit ihren Sprossen ist ein Hoffnungsbild für die sinnvolle Auf- und Einteilung der verschiedenen Aufgaben. So wie Sven musst du bei deiner Arbeit darauf achten, dass dein Lernziel nicht zu hohe Anforderungen an dich stellt. Nimm dir nicht zu viel vor! Unterteile deinen Lernstoff in erreichbare Teilziele, löse die Teilprobleme, kontrolliere nach jedem Abschnitt, ob du Erfolg hattest und erreiche so, Stufe für Stufe und mit steigender Motivation, dein Lernziel.

Erfolgserlebnisse durch Portionen

An dieser Stelle möchten wir dich an die dritte Etappe mit dem Thema »Portionen« erinnern. Schon dort wurdest du unter »Überblick verschaffen« dazu aufgefordert, den ganzen Lernstoff in kleine Portionen aufzuteilen – als Anwärmphase. Nicht nur, dass mit dieser Einteilung ein idealer Lerneinstieg gefunden ist – so hieß es dort –, mit der Erledigung jeder einzelnen Portion wirst du ein kleines Erfolgserlebnis verspüren!

Alles Lernen sollte möglichst positiv motiviert werden: Lernen soll Spaß und Lust bereiten. Die empfindest du aber nur, wenn dir etwas Angenehmes begegnet, wenn du Erfolg hast. Jedes Erfolgserlebnis wirkt als Belohnung und verstärkt die Lust am Weitermachen.

Lernschritte müssen angenehme Folgen haben

Lernschritte müssen angenehme Folgen haben. Dafür ist es notwendig, dass du den Lernstoff in leicht verdauliche Portionen einteilst. Ein Lernschritt darf weder zu lang noch zu schwierig sein.

Aus Fehlern lernen

Wählst du den Schwierigkeitsgrad zu hoch, stellen sich Misserfolge ein. Misserfolge vermindern – vor allem, wenn sie sich häufen – deine Lernmotivation. Schlechte Ergebnisse gehören auch mal dazu. Fehler stellen einen Teil des Lernprozesses dar und können dich im Einzelfall sogar weiterbringen. Nicht umsonst heißt es: »Aus Fehlern wird man klug.« Auf keinen Fall aber solltest du dich entmutigen lassen, wenn ein Lernschritt nicht zum Erfolg geführt hat. Hast du deine Aufgabe nicht verstanden oder kommst du mit der Themenstellung nicht klar, so probiere es noch einmal. Verbohre dich aber keinesfalls in deinen Misserfolg, verbringe nicht den ganzen Nachmittag an einer Aufgabe. Das würde deine Stimmung auf den Nullpunkt senken und dir den ganzen Tag vermiesen. Sag

Mut zur Lücke

dir lieber: Mut zur Lücke! Selbstverständlich setzt das Ehrlichkeit gegenüber sich selbst voraus und soll nicht der Bequemlichkeit Vorschub leisten. Um bei Schwierigkeiten weiterzukommen, kannst du auch einen Klassenkameraden anrufen oder mit mehreren zusammenarbeiten. Sollten sich deine Misserfolge aber häufen, ist es ratsam, eine Nachhilfe in Erwägung zu ziehen und mit den Eltern darüber zu sprechen.

Durch Erfolg zum Erfolg

Zurück zum Lernen am Erfolg. Ein solches Lernen wirkt wie ein Verstärker, denn der Lernvorgang wird nicht nur erfreulicher, sondern auch wirksamer, wenn er aus einer Kette von Erfolgserlebnissen besteht. Jeder Lernerfolg belohnt dich innerlich – da ist kein großes Geschenk mehr notwendig. Lernerfolge erhöhen den Spaß an der Sache und heben die Lernfreude. So entsteht gleichsam eine Kettenreaktion von Erfolg zu Erfolg, bei der das Lernen sich sozusagen selbst belohnt.

Erfolgskontrollen durchführen

Einen wichtigen Punkt darfst du natürlich nicht vergessen. Selbstverständlich solltest du nach jedem Lernschritt eine Erfolgskontrolle durchführen, d.h. überprüfen, ob du deinen Arbeitsabschnitt zeitgerecht bewältigt und die Aufgabe richtig gelöst hast.

Motive mit Erfolg verknüpfen – so verdoppelt sich die Lernfreude

Jetzt kannst du bereits den 41. Erfolgspunkt einkleben. Wenn du es noch schaffst – der Zusatzpunkt wartet auf dich!

Wie viele Ballons mit Zahlen, die durch drei teilbar sind, hält Methodix in seiner Hand?

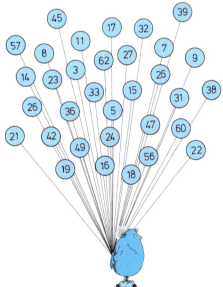

Lösung: vierzehn

Zwei einprägsame Merkwortreihen — 42. Etappe

Das vorige Kapitel stand unter dem wichtigen Gesichtspunkt »Lernen am Erfolg«. Bestimmt erinnerst du dich: Die wirkungsvolle Kombination von Motiv und Erfolg weckt Begeisterung und hebt die Lernfreude.

Motiv verbunden mit Erfolg

Ich habe einmal nach einem Vortrag zum Thema »Lernen lernen« jedem Zuhörer einen Merkzettel in die Hand gedrückt. Darauf standen unter anderem zwei interessante Merkwortreihen. Die erste wird dir bekannt vorkommen, sie ist eine Zusammenfassung der letzten Etappen in Stichworten:

Lernschritte realistisch planen, übersichtliche Aufgabenportionen lösen, Kontrollen einbauen, Fortschritte erkennen, Erfolgserlebnisse genießen!

Die zweite Reihe von Tipps ist neu: Lernantriebe bündeln, aus langfristigen Zielen kurzfristige Teilziele bilden, Ablenkungen zu Belohnungen umfunktionieren! Na, hast du alles verstanden? An dieser Stelle möchte ich dich an die Warum-Frage erinnern. Vor Lernbeginn musst du dir darüber Klarheit verschaffen, welche Wünsche und Bedürfnisse dich antreiben. Überprüfe deine Motive und setze sie zielsicher gegen Lernstörungen ein.

Lernantriebe bündeln

Der zweite Punkt »langfristige Ziele in kurzfristige Teilziele aufteilen« versteht sich so: Lernziele, die noch in weiter Ferne liegen, wirken weniger motivierend als naheliegende Bedürfnisse.

Kurzfristige Teilziele bilden

Dazu ein Beispiel. Sven läuft unschlüssig in der Wohnung herum. Er befindet sich in einer Klemme, denn er schreibt in drei Tagen eine Mathematikarbeit und hat noch große Lücken. Andererseits beginnt in ein paar Minuten ein spannender Fernsehfilm. Was soll er tun? Nach kurzem innerem Kampf geht er doch zum Fernseher.

Kurzfristige Antriebe sind stärker

Die Ursache liegt auf der Hand: kurzfristige Belohnungen sind fast immer stärker als langfristige. Für die Lernplanung heißt das, dass du den ganzen Aufgabenberg (= langfristige Ziele) in kurzfristige Teilziele unterteilen solltest. Für die Vorbereitung der kommenden Mathematikarbeit bildest du z.B. einzelne Teilaufgaben: Bruchrechenarten wiederholen; binomische Formeln auffrischen; Zerlegen in Faktoren üben; Aufgaben fünf und sechs auf Seite 20 im Schulbuch anschauen.

Svens Entscheidungsproblem besteht aus unterschiedlichen Beweggründen (Motiven), die sich gegenseitig im Wege stehen. (Es ist wie eine Mutprobe: Auf der einen Seite steht der Wunsch nach Anerkennung. Man möchte in eine Gruppe aufgenommen werden. Auf der anderen Seite steht die verständliche Angst, sich zu verletzen.)

Ablenkungen zu Belohnungen umformen

Zum letzten Punkt: »Ablenkungen zu Belohnungen umformen...« Sven hat noch viel zu lernen, möchte aber gleichzeitig ins Schwimmbad. Schließlich entscheidet er, von seinen geplanten acht Lernschritten fünf sofort zu erledigen. Dann geht er, als Selbstbelohnung, zum Schwimmen; die restlichen drei Portionen folgen danach. Ein ursprünglich ablenkendes Motiv (ins Schwimmbad gehen) ist auf diese Weise zur Belohnung umgeformt worden.

Zum Schluss dieser Etappe ein Tipp. Auf den ersten Blick verblüffend, überzeugt er bei näherem Hinsehen: Immer wieder lassen sich Schüler beobachten, die durch häufige Misserfolge entmutigt sind und auch von Eltern und Lehrern nicht unterstützt werden. Jedem von ihnen können wir zurufen:

> **Glaub an dich selbst, denn wenn du es nicht tust, wer soll denn dann an dich glauben?!**

Dieser Spruch war auf meinem Merkzettel dick unterstrichen. Es ist klar, dass damit nicht Selbstüberheblichkeit, sondern dein Selbstvertrauen unterstützt werden soll. Ein gesunder Glaube an sich selbst ist der beste Nährboden für Erfolg.

Geschafft! Der heutige Erfolg wird (unter anderem!) mit einem Punkt belohnt.

Wann Nachhilfe sinnvoll ist

43. Etappe

Claudia hat seit Kurzem ihren ersten Freund. Klar, dass sie kaum an was anderes als an ihn denken kann. Heiße Liebesbriefe werden in der Englischstunde formuliert; im Matheunterricht ist sie sehr mit ihren Gedanken beschäftigt – allerdings nicht mit Bruchrechnung, sondern mit dem nächsten »date«. Schließlich ist es soweit: Ihre Zensuren geraten ins Rutschen. Sie sacken unterschiedlich stark ab. Mathe fiel ihr immer schon recht leicht, hier kann sie ihre Note knapp behaupten, in Englisch jedoch fällt sie auf eine Fünf. Auch in Biologie weiß sie nicht mehr, ob sie ihr »ausreichend« halten kann. Bei den Eltern läuten die Alarmglocken – ein Nachhilfelehrer muss her, sagen sie.

So schnell geht das. Jeder Schüler, auch ein guter, kann in die Lage kommen, Nachhilfe zu benötigen. Krankheit oder persönliche Probleme führen oft dazu, dass der Anschluss an den Stoff verloren geht. Nachhilfe ist keine Schande. Sie kostet aber Zeit und Geld – meistens sogar ziemlich viel von beidem. Um diesen Aufwand nun möglichst klein zu halten, ist zu prüfen:

Anschluss an den Stoff verlieren

- In welchen Fällen Nachhilfe sinnvoll ist.
- Wie Nachhilfe gestaltet werden sollte.
- Wie lange sie andauern darf.

Leider gibt es immer wieder Eltern, die ihren Kindern möglichst viele Nachhilfestunden zukommen lassen nach dem Motto: »Je mehr, desto besser.« Und doch: Zu viele ziellose Privatstunden können Schaden anrichten, weil Nachhilfe zu einer gewissen Abhängigkeit und Unselbständigkeit führen kann. Ein weiterer Nachteil ist die Einschränkung der Freizeit, die als Ausgleich zum Schulunterricht unbedingt notwendig ist. Deshalb ist Nachhilfe nur dann anzuraten, wenn die Lücken so groß sind, dass sie nicht mehr aus eigener Kraft ausgebessert werden können.

Nachhilfe macht abhängig

Lücken frühzeitig schließen — Sobald dies der Fall ist und dir deine eigene Einsicht sagt, dass es allein nicht mehr geht, zögere nicht länger und sieh dich nach einem geeigneten Nachhilfelehrer um. Je länger du damit wartest, umso schwieriger und zeitraubender wird es, den verpassten Stoff nachzuholen. Außerdem: Wie ein Schneeball, der einen Berghang hinunterrollt, immer mehr Material mit sich reißt und zu einer mächtigen Lawine werden kann, werden auch durch eine Wissenslücke weitere Lücken aufgerissen. Wer beispielsweise die Bildung der Zeiten im Englischen verpasst hat, der wird auch über den Gebrauch der Zeiten stolpern. Irgendwann müssen die Grundlagen gelegt werden – warum nicht sofort?

Eigener Wille zur Nachhilfe — Eigene Einsicht und guter Wille gehören zu den entscheidenden Voraussetzungen für eine erfolgreiche Nachhilfe, sonst steht auch der fähigste Nachhilfelehrer auf verlorenem Posten.

Gegenseitige Abneigung blockiert — Was diesen übrigens angeht, so eignet sich nicht immer einer, der die besten Abschlussprüfungen vorweisen kann oder gar den Doktortitel vor seinem Namen trägt. Ein Nachhilfeschüler braucht vor allem das Gefühl, dass man sich für seine Probleme interessiert und ihm wirklich helfen will. Es muss daher so etwas wie gegenseitige Sympathie vorhanden sein. Wenn dir dein Nachhilfelehrer unsympathisch ist, dir dauernd Vorwürfe macht, zu streng ist oder sich erst gar nicht mit deinen speziellen Schwierigkeiten abgibt, dann bitte deine Eltern, es mit einem anderen Lehrer zu versuchen. Noch besser ist, du bemühst dich selbst, einen zu finden. Geh zum Fachlehrer und frag, ob er nicht jemanden kennt, der ihm geeignet erscheint. Oft wird er dir dann einen seiner älteren Schüler empfehlen. Diese Lösung ist sehr preiswert und häufig genauso gut.

Gezielter Nachhilfeunterricht — Ist schließlich die geeignete Person gefunden, kannst du selbst für einen reibungslosen Einstieg sorgen: Damit die Nachhilfe gezielt einsetzen kann, bitte den Lehrer des entsprechenden Fachs, kurz aufzuschreiben, in welchen Bereichen er Nachhilfe für ratsam hält, oder schau in deiner Fehlerstrichliste nach. Auch sollte dein Nachhilfelehrer diesen Fachlehrer zu Beginn einmal aufsuchen oder zumindest anrufen. Erstens kann er dort Genaueres über deine Lücken und Leistungen erfahren, zweitens bekommt der Fachlehrer auf diese Weise mit, dass du dich anstrengst, den Anschluss durch zusätzliches Lernen wiederzugewinnen.

Ein guter Nachhilfelehrer ist keinesfalls für die regelmäßige Erledigung deiner Hausaufgaben zuständig! Den fähigen Nachhilfelehrer erkennt man vielmehr auch daran, dass er sich bei seinem Schüler möglichst rasch überflüssig macht. Damit ist gleich ein Punkt angesprochen, gegen den am meisten gesündigt wird. Es geht um die zeitliche Spanne von Nachhilfeunterricht. Faustregel: »Kurz, aber intensiv«. In Zahlen bedeutet das, regelmäßig etwa zwei bis drei Stunden pro Woche und das nicht länger als zwei Monate hintereinander. Nachhilfe, die über diesen Zeitraum hinausgeht, führt erfahrungsgemäß zu einer bedenklichen Abhängigkeit. Morgens in der Schule wird nicht mehr aufgepasst – der Nachhilfelehrer erklärt am Nachmittag ja sowieso alles noch mal. Und wenn du dann irgendwann ohne deinen Privatlehrer auskommen musst, merkst du erst, wie schwer es ist, allein auf sich selbst gestellt zu sein.

Nachhilfe zeitlich begrenzen

Wer also ein Jahr lang in drei oder mehr Fächern regelmäßig Nachhilfe bekommen hat, sollte sich schleunigst überlegen, ob dieser Umfang wirklich erforderlich ist. Wenn die Antwort »ja« lautet, ist es vielleicht sogar sinnvoller, eine Klasse freiwillig zu wiederholen, als sich bis zu zehn Wochenstunden zusätzlich abzuquälen und die Freizeit in den Wind zu schreiben …

Dauernachhilfe abbrechen

Nachhilfe – kurz und intensiv

Nun kannst du das Buch wieder beiseite legen, nachdem du den wohlverdienten Erfolgspunkt aufgeklebt hast.

Arbeiten in der Gruppe

44. Etappe

Diese Etappe hat etwas mit den lieben Mitschülerinnen und Mitschülern zu tun, allerdings nicht als Arbeitspartner in der Schule, sondern zu Hause. Es geht um die oft gestellte Frage:

»Sollte man lieber allein oder zusammen mit anderen lernen?«

Allein oder zusammen mit anderen arbeiten?

Leider – oder zum Glück – lässt sich diese Frage nicht eindeutig beantworten. Es gibt Lernbereiche, die sich am besten allein erledigen lassen und solche, die man möglichst zusammen mit anderen bewältigt. Vokabeln zum Beispiel sollten unbedingt allein gelernt werden, weil dabei Gruppenarbeit im Verhältnis zur Einzelarbeit wenig bringt. Das gilt auch für reine Paukstoffe wie Mathe-Formeln oder Geschichtszahlen. Erst wenn diese einmal gelernt sind, ist es günstig, wenn jemand zum Abhören da ist. Wer diese Endkontrolle wiederum allein durchführt, gerät oft in Versuchung, schlecht gelernte oder komplizierte Vokabeln einfach zu überspringen oder doch mal kurz ins Buch zu blinzeln.

Paukstoffe allein lernen

Bei vielen Schülerinnen und Schülern ist die Arbeit zu zweit recht beliebt. Für einen Vergleich der fertig gestellten Hausaufgaben ist diese Zusammenarbeit meist außerordentlich brauchbar, weil Fehler eher erkannt und Schwierigkeiten rechtzeitig besprochen werden können. Es sollte aber nicht so weit kommen, dass alle Hausaufgaben von vornherein gemeinsam angefertigt werden! Wenn es auch heißt »geteilte Arbeit ist halbe Arbeit«, so kann dieses Vorgehen doch dazu führen, dass es dir im Laufe der Zeit immer weniger gelingt, Aufgaben ganz allein zu lösen – und genau das wird noch in fast allen Klassenarbeiten und sonstigen Prüfungen von dir verlangt.

Endkontrolle zu zweit

Höchstens Vierergruppen

Sowohl die Besprechung schwieriger Hausaufgaben als auch die Generalwiederholung vor einer Klassenarbeit sind unter bestimmten Voraussetzungen für Gruppen von drei bis vier Teilnehmern zu empfehlen. Größere Gruppenstärken sind nicht ratsam, weil sonst Probleme auftauchen, die den Aufwand für Gruppenarbeit zu groß werden lassen: Das fängt an bei der Terminabsprache und reicht bis zu Leerlauf oder Überforderung der Gruppe, etwa bei sehr unterschiedlichem Wissensstand der Teilnehmer. Auch der konzentrierte Ablauf und die Koordination der Arbeit leiden darunter. Schließlich bewähren sich Dreier- oder Vierergruppen normalerweise erst ab einer mittleren Klassenstufe: Vor der 8. oder 9. Klasse sind Hausaufgaben oder Klassenarbeitsvorbereitungen häufig noch nicht so umfangreich, dass die Vorteile der Gruppenarbeit schon zum Tragen kämen.

Vorteile der Gruppenarbeit

Vorteile der Gruppenarbeit sind:

- Verschiedene Personen tragen ihr Wissen zusammen.
- Schwierige oder besonders umfangreiche Aufgaben können angepackt werden.
- Im kleinen Kreis kannst du Fragen stellen, die du in der Schule nicht stellen willst.

Positive Auswirkungen, die nicht unmittelbar mit dem Lernen zusammenhängen, treten hinzu:

- Du lernst, dich in einer Gruppe Gleichaltriger ausführlich mit den Meinungen der anderen auseinanderzusetzen, ohne dass Lehrer oder Eltern euch bevormunden.
- Du übernimmst Verantwortung für einen Teilbereich der Gruppenarbeit.
- Du findest leichter Anschluss an Klassengemeinschaft und Freizeitprogramme.

Dies zeigt, dass du es zu gegebener Zeit einmal mit Gruppenarbeit versuchen solltest. Vielleicht wird es aber im ersten Anlauf nicht so klappen, wie du es dir vorgestellt hast. Hinter jeder Gruppenarbeit lauern nämlich einige Gefahren, die die höhere Leistungsfähigkeit einer Gruppe ins Gegenteil verkehren können.

So ergibt sich statt gemeinsamer Arbeit manchmal nur ein längeres gemütliches Beisammensein, ein Kaffeekränzchen, weil niemand richtig vorbereitet ist und das Thema »Fußball« oder »Fete« anscheinend unerschöpflich ist. Am Ende geht jeder nach Hause und denkt beruhigt: »Na ja, wenigstens bin ich nicht der einzige, der nichts getan hat.«

Mögliche Gefahren der Gruppenarbeit

Auch darf der zeitliche Aufwand nicht zu groß werden. Wer eine Stunde für Hin- und Rückweg zu seinem Klassenkameraden benötigt, um sich bloß fünf Minuten lang die Vokabeln abhören zu lassen, der bleibt besser zu Hause. Manch einer vergisst leicht, dass Gruppenarbeit ohne gründliche Vorbereitung jedes einzelnen Teilnehmers kaum Sinn hat. Sieh dir also noch einmal die Bereiche an, in denen Lernen mit anderen effektiv sein kann:

Verhältnis Aufwand – Ergebnis beachten

Vorbereitung muss sein

❖ Fertig gestellte Aufgaben vergleichen, unterschiedliche Lösungen und Probleme besprechen.
❖ Paukstoff gegenseitig abfragen.
❖ Aufgaben, die du trotz gründlicher Überlegungen nicht lösen konntest, von anderen erklären lassen.

In diesem letzten Punkt steckt ein Tipp, den du schon aus der letzten Etappe kennst: Es muss nicht immer gleich ein ausgewachsener Nachhilfelehrer antreten, wenn du etwas nicht verstanden hast. Bitte einen freundlichen Klassenkameraden, den du für geeignet hältst, dir zu helfen. Vielleicht kannst du ihm im Gegenzug in einem anderen Fach etwas beibringen? Wenn nicht – warum sollten deine Eltern nicht auch dem Mitschüler etwas bezahlen, wenn dieser sich mehr als üblich um dich bemüht?

Gegenseitige Nachhilfe

Diese Etappe kann dazu beitragen, dass deine zukünftige Gruppenarbeit erfolgreich verläuft. Ausprobieren gehört dazu! Und vergiss nicht: Arbeiten in der Gruppe will geübt sein.

Gruppenarbeit ist eine wertvolle Ergänzung zur Einzelarbeit

Und nun noch: Punkt einkleben – Schluss für heute.

Lärm stört die Konzentration

45. Etappe

Lärm stellt oft eine erhebliche Störquelle dar. Eine tobende Zuschauermenge in einem Fußballstadion spornt die Spieler zu Höchstleistungen an, sobald eine Spielsituation dagegen höchste Konzentration erfordert, zum Beispiel kurz vor einem Elfmeter, ist alles mucksmäuschenstill.

Störquelle Lärm

Genauso soll es beim geistigen Arbeiten sein. Sobald du an schwierigen Aufgaben knobelst, wirken laute Geräusche störend. Wer gut lernen will, kann nicht in einem Zimmer arbeiten, in dem dauernd das Telefon klingelt, Gespräche geführt werden oder Musik läuft. Ja, auch Musik ist konzentrationshemmend vor allem bei Arbeiten, die dein Gedächtnis und logisches Denken fordern …

Schwierige Aufgaben erfordern Ruhe

Es ist leider nicht wahr, dass mit Musik alles besser geht. Musik kann bei eintönigen Arbeiten oder bei künstlerisch-kreativen Tätigkeiten durchaus förderlich sein und vielleicht empfindest du sie auch bei deinen Hausaufgaben als angenehme Untermalung.

Musik nur bei eintönigen oder kreativen Tätigkeiten

Aber diese angenehme Berieselung geht auf Kosten deiner Feinnervigkeit, dein Hörsinn und deine Empfindungsfähigkeit stumpfen mit der Zeit ab.

Du kannst das übrigens testen und trainieren, indem du zum Beispiel ein Radio, den Kassettenrecorder oder das Fernsehgerät bei Sprechsendungen allmählich immer leiser stellst und dich dabei bemühst, trotzdem alles zu verstehen.

Oder lausche einmal ganz konzentriert dem Ticken deiner Armbanduhr oder einer Wanduhr. Wähle den Abstand so, dass du das Geräusch gerade noch vernimmst, dann vergrößere den Abstand allmählich und versuche, das Ticken immer noch zu hören.

Übungen zum bewussten Hören

Mit solchen Übungen soll dir die Freude am Musikhören nicht genommen werden. Im Gegenteil! Du sollst bewusster hören lernen. Und du wirst sehen, plötzlich macht Musik noch mehr Spaß. Wenn du meinst, echter Musikgenuss erfordert eine bestimmte Lautstärke, so stelle sie nach deinem Geschmack ein. Selbstverständliche Voraussetzung ist natürlich, dass du deine Umgebung dadurch nicht belästigst und deren Laune empfindlich störst. Hier leistet ein Kopfhörer gute Dienste.

Damit du dich entspannen und ganz dem Musikhören widmen kannst, solltest du hin und wieder die Zeit nach dem Mittagessen nutzen, dich etwas hinzulegen und dabei Musik nach deinem Geschmack zu hören. Versuche dann ausschließlich Musik zu hören (nicht nebenher beispielsweise noch zu lesen). Wenn du dich bemühst, im Laufe eines Songs ein einzelnes Instrument herauszuhören und dieses zu verfolgen, bist du bereits mitten in einer wunderbaren Konzentrationsübung.

Auch Hören will gelernt sein

Bevor nun der heutige Erfolgspunkt fällig wird, noch eine kleine Trainingsaufgabe:

Versuche, den folgenden Text innerhalb von zwei Minuten (Wecker/Zeitnehmer!) langsam (aber flüssig) laut zu lesen. Natürlich sollen die Druckfehler nicht mitgelesen werden, der Text soll vielmehr gleich in der verbesserten, richtigen Fassung gelesen werden:

> **Em folgandan hindalt as sech necht um aena Gahaemschreft, sondarn nur um aena Konzantriteonsübung. Necht nur dis Vartiuschan aezalnar Buchstiban est sahr wechteg, sondarn iuch dis Aenhiltan dar vorhar fastgasatztan Zaet. Wann dea zwae Menutan jatzt noch necht ibgaliufan send, hiba ech maen Übungszeal arraecht.**

Und jetzt die Zusatzaufgabe ohne Zeitdruck: Welche drei Buchstaben wurden im Text durchgehend gegeneinander ausgetauscht?

A für: … ; E für: … ; J für: … .

Bitte erst weiterlesen, wenn du die vertauschten Buchstaben oben eingesetzt hast.

Die Lösung lautet: A für E, E für I, I für A

Wenn du die Lösung hast, klebe deinen Erfolgspunkt ein und lege das Buch weg.

Kreatives Schaffen

46. Etappe

Kreativ sein heißt, selbst etwas machen. Dafür gibt es überall Gelegenheit. Du kannst dir einen Pullover stricken, etwas kochen oder ein neues Spiel erfinden. Je öfter du etwas selbst machst, desto mehr bildest du deine Fähigkeiten darin aus, und umso besser wird das Ergebnis ausfallen. Du könntest zum Beispiel mit deinem Zimmer anfangen und es so einrichten, wie es dir gefällt. Du hättest auch gleich Gelegenheit, selbstgemalte Bilder oder von dir geknipste Fotos aufzuhängen. Bemalte Flaschen, Steine, Zinnsoldaten oder Porzellangefäße machen sich gut auf deinem Regal. Oder wie wäre es, wenn du ein Modellschiff basteln oder an deiner Eisenbahn weiterbauen würdest?

Eigene Fantasie benutzen

Zimmer gestalten

Basteln

Wenn du Interesse an Experimenten hast: Wünsch dir einen Chemie- oder Physikkasten zum Geburtstag. Vielleicht kannst du auch selbst etwas dafür tun. Lass dir nicht immer alles schenken, du hast mehr davon und genießt es doppelt, wenn du etwas selbst erworben hast.

Auch deiner Kleidung kannst du eine persönlichere Note geben. Vielleicht strickst du dir einen Schal, bemalst ein Seidentuch oder ein T-Shirt.

Kleidung selbst gemacht

In Hobby- und Freizeitgeschäften wirst du viele Anregungen finden, um Schmuck selbst anzufertigen. Dort erhältst du auch das dazu nötige Werkzeug. Außerdem kommen selbstgebastelte Geschenke gut an.

Geschenkideen

Du wirst sehen, dass sich mit der Zeit deine handwerklichen Fähigkeiten verbessern und du immer mehr in der Lage bist, Gegenstände nach deiner Phantasie zu gestalten. Wenn es auch immer wieder Blasen, dreckige Klamotten, schmerzhafte Schnittwunden, kläglich aussehende »Kunstwerke« oder gescheiterte Reparaturversuche geben wird, vergiss nie: Eigenes Gestalten führt zu unvergesslichen Erlebnissen!

Auf das eigene Gestalten kommt es an

Für heute hast du genug geschafft. Punkt nicht vergessen.

Erlebnisfeld Natur

47. Etappe

Sicherlich werden jetzt einige schmunzeln, andere zustimmend nicken. Natur heißt nämlich nicht Gewaltmärsche oder sonntägliche, peinliche Pflichtausflüge in Begleitung langweiliger Erwachsener, heißt nicht stumpfsinniges Auswendiglernen von Tier- und Pflanzenfamilien oder »Rasen betreten verboten«. Natur heißt unbegrenzte Freizeitmöglichkeiten. Wenn du nun mitten in der Großstadt wohnst und ins Grüne willst, so gilt: selber groß sein – Initiative ergreifen. Kirchen, Vereine, private Organisationen, das Deutsche Jugendherbergswerk und Stadtjugendämter veranstalten Jugendtreffs, Erlebniswochenenden und Freizeiten. Informationen hierzu erhältst du oft über die Zeitung, beim Pfarramt, beim Jugendamt oder Jugendherbergsverband. Eine Erlebnisfreizeit bringt Luftveränderung, eine neue Umgebung, Zusammensein mit Gleichaltrigen und Kennen lernen neuer Freundinnen und Freunde mit sich. Hier kannst du viele der in früheren Etappen erwähnten Freizeitvorschläge gemeinsam mit anderen aufgreifen. Und Geländespiele, Wiesenolympiade oder Fußgängerrallye, Schnitzel- oder Fuchsjagd sind immer wieder besondere Erlebnisse. Aber auch Lagerfeuerabende und Nachtwanderungen, bei denen es durchaus gruselig zugehen kann, gehören dazu. Nicht von ungefähr gehen jährlich Tausende von Kindern und Jugendlichen freiwillig auf Freizeiten und freuen sich schon im Voraus darauf.

Natur – ein unbegrenztes Freizeitfeld

Du kannst aber auch allein oder mit deinen Freunden etwas auf dem Abenteuerspielplatz »Natur« unternehmen. Wie wäre es mit einer Wanderung zu Fuß oder mit dem Rad von Jugendherberge zu Jugendherberge an einem Wochenende oder in den Ferien?

Um nähere Anregungen hierüber zu erhalten, fordere ein kostenloses Exemplar der Zeitschrift »extra|tour« an. Schreibe an:
Deutsches Jugendherbergswerk Hauptverband
Bismarckstraße 8
32756 Detmold
www.djh.de

Hier erhältst du auch für einen geringen Jahresbeitrag einen Mitgliedsausweis. Außerdem kannst du das Jugendherbergsverzeichnis bestellen, in dem du alle wichtigen Angaben über sämtliche Jugendherbergen findest. Damit bist du in der Lage, eine solche Tour genau zu planen, mit Freunden zu besprechen und vorzubereiten. Als erstes Ziel muss nicht gleich Spanien auf dem Programm stehen; die nächste Jugendherberge liegt sicher nur einige Kilometer von deinem Wohnort entfernt. Vielleicht sammelst du deine ersten Erfahrungen an einem schulfreien Wochenende. Am Geld scheitert es wohl nicht, denn Übernachtungen in Jugendherbergen sind normalerweise relativ günstig.

Fotosafari Bei solchen Touren und Wanderungen lohnt sich für Fotofreunde die Motivsuche. Die Fotosafari fängt vor der Haustür an. Willst du Tiere und Pflanzen näher kennenlernen, bereite dich durch Bücher und Zeitschriften darauf vor. Aber vergiss nicht, dass es Spaß machen soll – keine zusätzliche Arbeit für den Biologieunterricht. Blumen und Gräser können äußerst interessant sein, wenn man sie zu Hause presst, eine Sammlung anlegt oder aus ein paar Blumen ein Bild herstellt. Die gepressten Pflanzen ordnest du nach deinem Geschmack an, klebst sie auf Karton oder spannst sie in Rahmen: dein ganz persönlicher Wandschmuck.

Wenn du Tiere gern hast, besuch sie mal wieder – im Zoo.

Tiere pflegen und betreuen Ein Haustier selbst zu halten und zu pflegen, ist etwas aufwendiger. Bevor du dir ein Tier zulegst, sei dir darüber im Klaren, dass es viel Liebe und Pflege braucht, und zwar über Jahre hinweg. Du bist für das Tier verantwortlich, und es liegt in deinen Händen, wie es sich entwickelt. Ein auffallend scheuer Sittich oder eine nicht stubenreine Katze zeigen dir sehr bald, dass du dich nicht genügend mit ihnen abgegeben hast. Ein Tier ist kein Ausstellungsstück, sondern ein Hausgefährte, der Liebe braucht und dem du viel Zeit schenken musst.

Ob du nun durchs Gelände streichst, am Lagerfeuer sitzt, wanderst oder ein Naturaquarium anlegst, – wichtig ist, dass du den Abenteuerbereich Natur entdeckst und Freude an ihm findest.

Die Natur ist der beste Erlebnispark

Für heute ist das Ziel fast erreicht, die Konzentrationsübung gehört allerdings noch dazu ...

Wo liegt hier der Fehler?

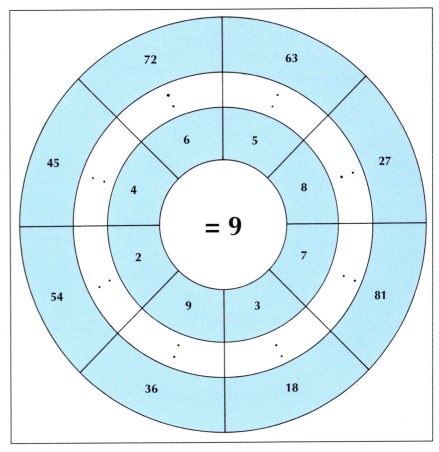

Lösung: Das innere Zahlenrad muss 2 Felder nach links oder 6 Felder nach rechts gedreht werden.

Sammeln – kein Selbstzweck

48. Etappe

Was kann man nicht alles sammeln! Steine, Bierdeckel, Zuckerstücke, CDs, alte Schallplatten, Fußballbilder, Briefmarken, Münzen, gepresste Blumen, Autogramme, Bücher, Eintrittskarten, Poster, Spielzeugfiguren, Kunstgegenstände, Kitschobjekte …

Nichts gegen Sammeln, aber was fängst du eigentlich mit den Dingen an, die sich da im Laufe der Zeit anhäufen? Transportierst du sie immer nur von einer Ecke deines Zimmers in die andere? Deine Sammlung soll nicht nur Staubfänger werden. Arbeitest du nicht damit, ist deine Sammlung nichts als totes Material.

Staubfänger sind wertlos

Was heißt das: Mit einer Sammlung arbeiten? Versuche, das leblose Material zum Sprechen zu bringen! Selbst ein totes Ding wie ein Stein kann recht beredt sein. Du kannst von ihm erfahren, woraus er sich zusammensetzt, wo er herkommt und wie seine Umgebung beschaffen war. Auch bei CDs findest du derartige Möglichkeiten, indem du zum Beispiel etwas über die Gruppe in Erfahrung bringst. Jede Gruppe hat ihre Geschichte, spielt ihren eigenen Stil und benutzt ganz bestimmte Instrumente. Nicht nur Steine und Schallplatten können reden, sondern alle deine Sammlungen. Besser: Deine (einzige) Sammlung. Denn du merkst schon, es kostet Zeit, wenn man so richtig auf Du und Du mit seiner Sammlung stehen möchte. Du musst sie pflegen und dich mit ihr abgeben.

Jede Sammlung braucht Pflege

Beschränke dich also beim Sammeln am besten nur auf ein Gebiet und versuche, gründlich zu sein. Lies Bücher zu deinem Sammelgebiet, sammle ganz gezielt und wirf auch mal etwas weg, wenn du ein besseres Stück gefunden hast.

Durch Tauschen die Sammlung ergänzen

Es ist meist nicht schwer, Kontakt zu finden zu Leuten, die das gleiche sammeln wie du. Tausche deine »gesammelten Schätze« und dein Wissen darüber aus. So wirst du langfristig Freude an deiner Sammlung haben.

> **Sammeln heißt nicht anhäufen,
> sondern liebevoll pflegen**

Schluss für heute – weiter geht's im Punktesammeln!

Das Freizeitrad

49. Etappe

Nachdem du in früheren Etappen einiges über Freizeitmöglichkeiten erfahren hast, könntest du ab heute eine Woche lang deine persönliche Freizeitgestaltung kritisch unter die Lupe nehmen. Als Hilfsmittel haben wir Claudias Freizeitrad abgebildet:

Überprüfe deine Freizeitgestaltung

Beispiel eines Freizeitrades

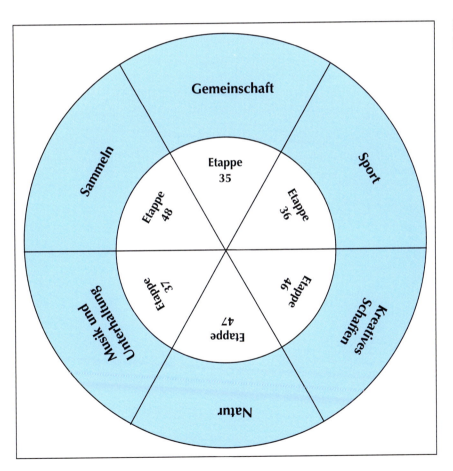

Durch ein solches Rad kannst du feststellen, ob deine Freizeit abwechslungsreich genug gestaltet ist. Jedes Teilstück dieses Rades enthält einen Freizeitbereich. Claudia hat sieben Tage lang alles, was sie in ihrer Freizeit unternommen hat, in dieses Rad eingetragen. Als sie zum Beispiel beim Volleyballturnier war, hat sie dies unter der Rubrik »Sport« eingetragen. Sie hätte es auch unter »Gemeinschaft« einordnen können, weil Volleyball eine Sportart ist, die gemeinschaftlich betrieben wird.

Sie hat außerdem in der vergangenen Woche den Ärmel eines Pullovers gestrickt (= Kreativität), sie war mit Freunden schwimmen (= Sport oder Gemeinschaft – Claudia hat es diesmal unter »Gemeinschaft« eingetragen), neue Briefmarken einsortiert (= Sammeln), insgesamt drei Stunden vor dem Fernseher verbracht (= Unterhaltung) und am Wochenende mit ihrer Jugendgruppe eine Radtour ins Grüne gemacht (= Natur oder Sport oder Gemeinschaft – Claudia hat sich jetzt für »Natur« entschieden, weil die Teilstücke Sport und Gemeinschaft bereits besetzt waren). Jeder Bereich darf nämlich nur einmal im Rad erscheinen. Wenn du dein Freizeitrad ausfüllst, genügen fünf Teilbereiche, um es zu einer runden Sache zu machen. Hierbei spielt es keine Rolle, wie lange du etwas tust, wichtig ist vielmehr, dass du deine Freizeit möglichst vielseitig gestaltest.

Eines der Felder kannst du grundsätzlich mit Nichtstun oder Langeweile belegen, denn du brauchst deine Freizeit nicht vollständig verplanen. Freizeit soll und darf nicht in Stress ausarten.

Das Freizeitrad ist eine runde Sache

Bevor du deinen Erfolgspunkt einklebst, sieh dir das Rad an, das durch regelmäßige Eintragungen in einer Woche zu deinem persönlichen Freizeitrad geworden ist. Hier die einzelnen Bereiche:

- Gemeinschaft
- Kreativität
- Sport
- Natur
- Musik und Unterhaltung
- Sammeln
- Nichtstun oder Langeweile

Jeder Begriff darf nur einmal im Rad verwendet werden. Am besten streichst du die bereits vergebenen durch. Die erste Eintragung ist heute abend fällig. Bis dahin – Buch beiseite!

Vorher noch den Punkt einkleben.

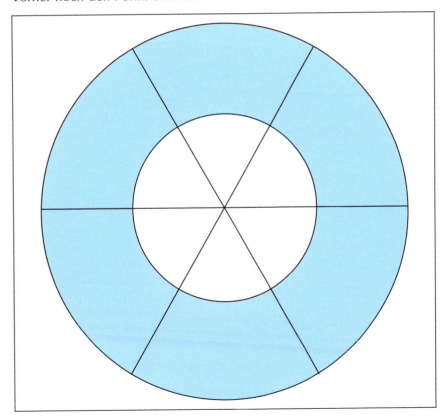

Heftführung und Notizen

50. Etappe

Heute wollen wir uns einem Bereich des Schulalltags zuwenden, mit dem sicher viele von euch ihre liebe Not haben: der Heftführung.

Wie man ein Heft zeitsparend führt und warum, ist bestimmt jedem bekannt – oder doch nicht? Gehen wir kurz alle wichtigen Punkte durch.

Welche Hefte am zweckmäßigsten sind, Ringbücher oder gebundene Hefte, linierte oder karierte, große oder kleine, solche mit oder ohne Rand – das lässt du dir am besten von deinem jeweiligen Fachlehrer sagen. Wahrscheinlich wird er dir auch erklären, wie in seinem Fach die Hefte geführt werden sollen. Deshalb wollen wir uns hier auf allgemeine Hinweise beschränken.

Zweckmäßige Heftführung

Gewöhne dir eine einheitliche Heftführung an, bei der das Datum ebenso seinen festen Platz hat wie die Überschrift oder die Nummer des Kapitels, das du übersetzen willst. Bemühe dich, auch wenn's schwerfällt, groß und deutlich zu schreiben. Hat sich ein Fehler eingeschlichen, so ist das nicht weiter schlimm, wenn du das falsche Wort einigermaßen sauber durchstreichst und die Verbesserung gut leserlich darüber oder daneben schreibst. Freilich, nicht jeder hat eine Zierschrift... Aber das ist auch gar nicht nötig. Aber wenigstens sollten deine Hefteinträge für den Lehrer (und selbstverständlich auch für dich) ohne Lupe und ohne Schriftsachverständigen lesbar sein: Für den Lehrer, damit er deine Arbeiten korrigieren kann und nicht Richtiges als Fehler anstreicht, nur weil ihm deine Schrift rätselhaft erscheint; für dich, damit du bei der Vorbereitung der Klassenarbeit mit Hilfe deiner Notizen die besprochenen Aufgaben wiederholen kannst.

Sauberes Ausbessern der Fehler

Hilfe für Klassenarbeiten

Für Wiederholungen und zum Vorbereiten von Klassenarbeiten ist ein übersichtlich geführtes Heft unentbehrlich! Lesbarkeit, Übersichtlichkeit sind aber auch für Notizzettel nötig. »Notizzettel? Brauch ich nicht!« magst du vielleicht denken. »Wenn mir etwas wichtig scheint, schreibe ich es auf das nächstbeste Papier.«

Besondere Zettel für Notizen

Doch wie leicht sind derartige Notizen spurlos verschwunden! Und wenn sie dann doch wieder auftauchen, kann man sich oft überhaupt nicht mehr daran erinnern, in welchen Zusammenhang sie gehören.

Damit ihm das nicht mehr passiert, hat Sven beschlossen, Notizen nach einem Spezialrezept zu erstellen. Damit schlägt er gleich zwei Fliegen mit einer Klappe. »Erstens kann ich dann besser mitdenken und zweitens habe ich im Kopf und auf meinem Zettel ein Gerüst zu dem besprochenen Stoff, das mir zu Hause hilft«, behauptet er. Und Svens Notizzettel sieht so aus wie du es in der Randspalte sehen kannst.

In Feld G trägt Sven stichwortartig die Grundnotizen ein, das heißt alles, was ihm wichtig erscheint: bestimmte Ausdrücke, ab und zu auch einen ganzen Satz oder eine Skizze. Du siehst also, dass er nicht wahllos Wort für Wort notiert, denn zu viel Mitschreiben verhindert das Mitdenken.

Feld T wird grundsätzlich erst zu Hause bearbeitet. Aus seinen Grundnotizen nimmt er nur die wichtigsten Stichpunkte gleichsam als Überschriften. Das sind zum Beispiel Begriffe, die er früher nur durch Unterstreichen hervorgehoben hat. Jetzt schreibt er sie als Top-Begriffe in Feld T. So zwingt er sich, seine Notizen auch wirklich anzuschauen und sichert eine bestmögliche Wiederholung. (Übrigens: Ist dir aufgefallen, dass dieses Buch so ähnlich aufgebaut ist?)

Im Feld S, dem Sammelfeld, trägt Sven nur noch kleine Anmerkungen ein, etwa, auf welchen Seiten seines Schulbuchs dieser oder jener Stoff zu finden ist. Zudem macht er dort Vermerke, wo er sonst noch etwas zu diesem Gebiet gefunden hat. Denn häufig sieht er in Vaters Lexikon nach, blättert verschiedene Zeitschriften durch oder sucht nach Informationen in der Bibliothek oder im Internet, wenn er ein Thema besonders gut bearbeiten will.

Sven schwört auf seine Methode. Ob du sie auch einmal ausprobierst?

Gut notiert ist halb gelernt

Damit hast du dir heute deinen Erfolgspunkt redlich verdient.

Aktive Mitarbeit und freies Sprechen

51. Etappe

Gestern kam Onkel Unfried. Sven saß gerade über seinen Hausaufgaben. »Wie ist's denn so bei euch in der Schule?« Die Antwort kam prompt: »Wie soll's schon sein? Langweilig natürlich, vorne spricht einer, alle anderen schlafen.«

»Richtig«, wirst du dir denken, »bei uns in der Klasse geht's genauso zu«. Der Lehrer rechnet eine Aufgabe vor. Anfangs kommst du ganz gut klar und schreibst die einzelnen Rechenschritte mit. Plötzlich reißt der Faden und du kannst dem Lehrer nicht mehr folgen. Du suchst beim Nachbarn Hilfe, der aber hat für dich keine Zeit. Bereits hier beginnt, was wir aktive Mitarbeit nennen wollen.

Aus Bequemlichkeit oder Angst, sich vor den Mitschülern zu blamieren, malen viele einfach von der Tafel ab, was der Lehrer vorne hinschreibt. Besser wär's, deine Scheu zu überwinden und dich zu melden. Zeige deinem Lehrer die Stelle, von der ab du die Aufgabe nicht mehr verstanden hast. Er wird dir die folgenden Rechenschritte wohl noch mal erklären. Was glaubst du, wie froh viele deiner Mitschüler darüber sind, weil sie ebenfalls nicht mitgekommen sind, zum Fragen aber zu bequem oder zu feig waren!

Merke: Aktive Mitarbeit bedeutet: Zuhören – Mitdenken – Mitreden! Manch einer mag nun denken: »Was ich in der Schule nicht verstehe, kann ich zu Hause nacharbeiten.« Jeder, der schon mal versucht hat, den wegen Krankheit versäumten Stoff selbst nachzuholen, wird wissen, dass dafür Geduld und Spucke – also Fleiß und Ausdauer – notwendig sind. Was du aber in der Schule schon verstanden und eingeübt hast, kannst du bei den Hausaufgaben problemlos anwenden.

Langeweile in der Schule

Keine Angst vor Fragen

Aktive Mitarbeit heißt auch Fragen stellen

Scheu vor der Klasse zu sprechen

In der Regel wirst du in der Schule mehr Fragen beantworten müssen als stellen dürfen. Gehörst du auch zu den Schülern, die die Vokabeln zwar gewissenhaft lernen, auch Geschichte und Biologie ordentlich vorbereiten, aber trotzdem aufatmen, wenn nicht sie, sondern ein Mitschüler gefragt wird? Wenn du dich scheust, vor der Klasse zu sprechen, versuch einmal, zu Hause, ganz für dich allein, »Schule« zu spielen. Stell dir vor, du bist vom Lehrer aufgerufen worden und stehst nun vor der Klasse. Du trägst vor, was du beispielsweise in Erdkunde über den Schwarzwald vorbereitet hast. Am besten klappt es, wenn du dich auf Tonband aufnimmst.

Freies Sprechen zu Hause üben

Sicher wirst du feststellen, dass dir diese häuslichen Proben helfen, im Unterricht selbstbewusster aufzutreten.

> **Aktive Mitarbeit bedeutet:**
> **Zuhören – Mitdenken – Mitreden**

Schluss für heute – Punkt einkleben!

Ausdauer- und Willensschulung

52. Etappe

So, jetzt hast du eine Fülle von Lerntipps erfahren, bestimmt etliche davon ausprobiert und hoffentlich einige in dein Hausaufgabenprogramm aufgenommen. Und doch stellst du fest: So einleuchtend die meisten Lerntipps auch sind, man muss schon sehr an sich arbeiten, um alle diese Vorsätze in die Tat umzusetzen. Das Schwerste: Durchhalten und regelmäßige Anwendung der Lerntipps.

Wenn es noch nicht so klappt, wie du es gern hättest, werde nicht mutlos – aufgeben gilt nicht!

Fehlschläge dürfen dich nicht »verrückt« machen. Verliere nicht die Geduld: Alte Gewohnheiten können natürlich nicht von einem auf den anderen Tag abgestreift werden. Erst wenn die neuen Methoden sich bewähren und die alten überlagern, stellt sich Erfolg ein.

Neue Gewohnheiten schaffen

Wer sich nichts zutraut, erreicht auch nichts. Solange du dir einbildest, dass du eine bestimmte Aufgabe nicht lösen kannst, solange bist du im Grunde auch entschlossen, gar nicht ernsthaft damit anzufangen – und so lange bleibt eine solche Aufgabe auch unlösbar für dich. Mit dieser Einstellung wärst du ein Angstdenker, der sich nicht entscheiden kann. Wer sich aber nicht entscheidet, kann auch keinen Entschluss fassen, geschweige denn, etwas unternehmen. Entscheidest du dich aber, hast du bereits gehandelt – und das ist immer besser als passives Verharren. Denn aus Abwarten und Nichtstun entwickeln sich leicht Enttäuschung, Lustlosigkeit und Resignation, was viel belastender und drückender ist, als die meisten Eltern und Lehrer ahnen. Es ist nämlich gar nicht wahr, dass ein fauler Schüler sich in seiner Bequemlichkeit wohl fühlt. Die meisten »faulen Schüler« haben regelrechte Angst vor Leistung.

Entscheiden, Entschluss fassen, handeln

Durch kraftvolles Denken zu starkem Handeln

Wer positiv zur Leistung eingestellt ist, kann den Entschluss fassen, etwas zu tun. Wer sich dabei auf den positiven Verlauf seiner Arbeit konzentriert, findet durch dieses aktive Denken den Weg zum Handeln. »Ich werde es schaffen, allen Hindernissen zum Trotz!« Aus dem Misserfolgsdenken muss allmählich ein zuversichtliches Erfolgsdenken werden. Mit dieser Einstellung wirst du dein Lernziel erreichen.

Negatives Denken ausklammern

Denke also, sobald negative Gedanken aufkommen, sofort, wie durch einen Reflex, an positive Dinge. Konzentriere dich auf deinen Mut, wenn sich Angstgefühle einschleichen, auf deine Energie, wenn dich Lustlosigkeit quält.

Erreichbares Ziel ganz genau vorstellen

Beginne, dich am Erfolg zu orientieren, knüpfe an Erfolgserlebnisse an, wenn du etwas Neues beginnst. Stelle dir all die Dinge, die du erreichen willst, genau vor. Sieh in Gedanken schon das erreichte Ziel vor deinem inneren Auge, stell es dir in allen Einzelheiten vor. Setze dir zunächst kleine Ziele, aber lass dich durch nichts von ihnen abbringen.

Überlege dir eine Frage, die du in der nächsten Unterrichtsstunde stellen willst – und stelle sie auf jeden Fall! Nimm dir vor, dich bei einem bestimmten Lehrer wenigstens einmal pro Unterrichtsstunde mit einem Beitrag zu melden – und halte dich unbedingt daran! Räume heute noch deinen Schreibtisch auf, verzichte heute mal auf das Fernsehen, schreibe einen Brief, stehe morgen eine halbe Stunde früher auf oder nimm dir eine vergleichbare kleine Aufgabe vor, die du unbedingt erfüllst. Eine Aufgabe genügt!

Du wirst sehen, wie schnell und wirksam du dadurch neue, nützliche Gewohnheiten aufbauen kannst, die dir nicht nur das Gefühl geben, deine gesteckten Ziele auch wirklich erreichen zu können, sondern auch das Arbeiten und Lernen angenehmer und leichter machen. Alles Neue ist nämlich nur so lange anstrengend, bis es zur Gewohnheit geworden ist.

Ein Schlauer trimmt Ausdauer

So, damit hast du es geschafft. Heute kannst du den letzten Erfolgspunkt einkleben.

Endres-Kurse®
Wissen fördern und Persönlichkeit bilden

Endres-Ferienkurse schaffen mit dem attraktiven Freizeitprogramm Raum für systematisches und kreatives Lernen und Arbeiten ebenso, wie zum Kräfte sammeln. Jeder kann sich für den Schulalltag stärken und sein Repertoire entscheidend verbessern. In Verbindung mit gutem Fachunterricht werden Lernstrategien reflektiert und eigenverantwortliches Lernen wird kultiviert. Ist das auch in Ihrem Sinn? Möchten Sie, dass auch Ihr Kind diese Erfahrung macht, seine Talente entfaltet und seine Lernchancen nutzt?

Dann besuchen Sie uns bequem auf unserer Internetseite oder fordern Sie unsere Prospekte unverbindlich an.

Studienhaus am Dom
Fürstabt-Gerbert-Straße 18, 79837 St. Blasien
Telefon: 0 76 72 / 93 91 30, Fax: 0 76 72 / 22 46
E-Mail: info@studienhaus-am-dom.de

www.studienhaus-am-dom.de

Sachregister

Abenteuerspielplatz 171
Abschalten 43
Abschreiben 103
Ähnlichkeitshemmung 27
Aktionstraining 137
Aktive Mitarbeit 183
Allzu viel ist ungesund 91
Anfangen mit dem Lernen 17
Angst 97, 185
Anwärmphase 17
Arbeitseinheiten, Einteilung in 18, 21, 23
Arbeitsgruppen 161
Arbeitsleistung 18, 23, 90
Arbeitsmaterialien 35
Arbeitsmethodik 13
Arbeitsphasen 17, 23
Arbeitsplan 21, 25
Arbeitsplatz 31, 35
Arbeitsraum 31, 35
Arbeitszeiten 39
Auf ein Wort an Eltern und Lehrer 7
Aufgabenstellung 101
Aufmerksamkeit 115
Aufregung vor Prüfungen 97, 101
Ausdauer- und Willensschulung 185
Auswendiglernen 73, 81

Bebildern 56
Begriffe klären 101
Bestandsaufnahme 14
Bezugspersonen 123, 125, 135, 161

Denkaufgaben 19, 33, 37, 41, 45, 53, 67, 79, 99, 121, 143, 153, 167, 173
Denkblockaden 97
Drumherum am Arbeitsplatz 35

Eltern 7
Einteilung der Hausaufgaben 21
Endspurtphase 23
Englisch 111
Entspannungsübungen 119
Erfolgserlebnisse 151
Erholungspausen 47
Erlebnisfeld Natur 171
Erlebnisgruppen 135

Fehlerstrichlisten 105–113
Fernsehen 139
Fester Arbeitsplatz 31
Fragebogen 14
Fragetechnik 101
Französisch 112
Freies Sprechen 183
Freizeit 133, 169, 171
Freizeitlernen 169, 171
Freizeitrad 177
Fünf-Gang-Lesetechnik 65

Gebrauchsanleitung 9
Gedächtnistraining 73
Geräuscheinflüsse 165
Gesprächstraining 183
Grundbedürfnisse 145
Gruppenarbeit 161

Hauptarbeitsphase 23
Hausaufgabeneinteilung 21, 23
Heftführung 181
Hobby 133
Hören 55, 165

Intervall-Lernen 29

Kartei 81
Klassenarbeitsvorbereitung 89, 93, 105
Klassengemeinschaft 123
Kontaktschwäche 123
Konzentration 115, 119, 165
Konzentrationsphase 23
Konzentrationstraining 119, 165
Konzentrationsübungen 19, 33, 37, 41, 45, 53, 67, 79, 99, 121, 143, 153, 167, 173
Kreatives Schaffen 169

Lärm beim Lernen 165
Langzeitgedächtnis 77
Latein 113
Lehrerknigge 125
Leistungsbereitschaft 131, 141, 145
Leistungskurven 18, 23, 90
Lernarten 51, 54, 55, 56
Lernbeginn 17
Lerndauer 23, 90
Lerneinstieg 17
Lernerfolg 151
Lernkartei 81

Lernkurven 18, 23, 77, 90
Lernmaschine 81
Lernmotivation 131, 141
Lernpausen 47
Lernplakat 73
Lernplanung 21, 25, 95
Lernschachtel 81
Lerntempo 93
Lerntypen 51, 54, 55, 56
Lerntyptest 54–61
Lernumwelt 32, 35, 136
Lernwege 51, 54, 55, 56
Lernzeiten 39
Lesen 54, 65, 69
Lesetechniken 65, 69
Lesetext mit Kontrollfragen 69

Mathematik 108
Methodiktreppe 191
Mitschreiben 182
Mitschüler 123
Mittelfristige Lernplanung 95
Monotonieverbot 23, 27
Motivation 131, 141
Musik beim Lernen 165
Musik und Unterhaltung 139

Nachhilfe 157
Nachschlagewerke 36

Natur kennenlernen 171
Noten und Zensuren 98
Notizen und Mitschrift 181, 182

Optimale Arbeitszeit 39
Optisches Lernen 56, 73
Ordnung 35, 175
Organisationsplan 21

Pausen 47
Pinnwand 21
Planvolles Lernen 17, 95
Positives Denken 149
Prüfungsangst 97
Prüfungsvorbereitung 89, 93, 105

Reden 183
Reihenfolge der Hausaufgaben 23

Sammeln kein Selbstzweck 175
Seh-Typ 56
Selbstvertrauen 156
SM-Formel 25, 29
Soziales Lernen 135
Spickzettel 103
Sport als Ausgleich 137

Stressabbau 147
Teamwork 161
Teilziel 21, 49
Tempomotivation 93

Überarbeiten von Notizen 182
Überlernen 90
Umgang mit Lehrern 125
Umschalten 43
Unterhaltung 139

Vergessenskurve 77
Vokabellernen 75
Vokabelmaschine 81
Vorbereitungsplan, Prüfungen 89

Wiederholen 77
Willensschulung 185
Wochenplan 95
Wortblöcke in Zehnergruppen 75

Zeitplan 95
Zensuren 98
Zubehör beim Lernen 35
Zusammenarbeit 161

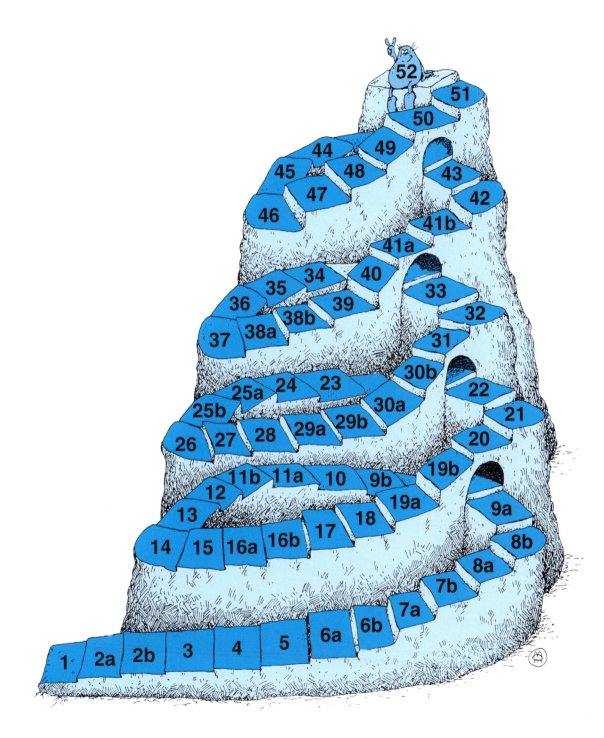

Mit den bewährten Beltz Lern-Trainern zu mehr Erfolg in der Schule!

Wolfgang Endres
Besser konzentrieren
44 Ausdauer-Tipps. 3.–6. Klasse
84 Seiten. Broschiert. ISBN 978-3-407-38064-7

Die 44 Ausdauer-Tipps sind abwechslungsreich, spannend und manchmal auch etwas knifflig. So wird spielerisch die Konzentration verbessert.

Wolfgang Endres u.a.
Mehr Erfolg beim Lernen
7 Tritte in den Hintern der Faulheit. 9–13 Jahre
84 Seiten. Broschiert. ISBN 978-3-407-38512-3

Dieser pfiffige Lernberater liefert eine Fülle von Lerntipps, die in kleine Geschichten und witzige Illustrationen verpackt sind. Das macht Lust auf Lernen!

Wolfgang Endres u.a.
So macht Lernen Spaß
Praktische Lerntipps für Schülerinnen und Schüler. Sek. I
21. Auflage, 192 Seiten. Broschiert
ISBN 978-3-407-38065-4

Eine 100.000-fach bewährte Anleitung für 1 bis 16-Jährige, wie das Lernen zu lernen ist.

Wolfgang Endres u.a.
Lernen mit Kniff und Pfiff
7 Pillen gegen Lernstress. 9–13 Jahre
84 Seiten. Broschiert. ISBN 978-3-407-38059-3

Beim Lernen darf man dem Erfolg nicht dauernd hinterherlaufen, vielmehr muss man ihm entgegengehen. Wie's klappt, zeigt dieser Lernberater.

Wolfgang Endres
111 starke Lerntipps
Pfiffige Ideen für den Lernerfolg. Sek. I
120 Seiten. Broschiert.
ISBN 978-3-407-38057-9

»111 starke Lerntipps« liefern spickzettelartig tolle Ideen, wie man beim Lernen und in der Schule besser zurechtkommt.

Wolfgang Endres u.a.
Mündlich gut
Rhetorik-Tipps für Schülerinnen und Schüler
5.–10. Klasse
108 Seiten. Broschiert.
ISBN 978-3-407-38062-3

Wer in der Schule Erfolg haben will, muss auch mitreden können. Hilfreiche Tipps zur mündlichen Mitarbeit gibt dieser Lernberater.

 Verlagsgruppe Beltz · Postfach 100154 · 69441 Weinheim · www.beltz.de